헝가리의 북조선 관련 기밀해제문건

헝가리의 북조선 관련 기밀해제문건

초판 1쇄 발행 2013년 10월 31일

저 자 ㅣ 박종철, 김보국, 박성용, 정은이
발행인 ㅣ 윤관백
발행처 ㅣ 선인

편 집 ㅣ 최진아
표 지 ㅣ 윤지원
영 업 ㅣ 이주하

인 쇄 ㅣ 대덕인쇄
제 본 ㅣ 과성제책

등록 ㅣ 제5-77호(1998.11.4)
주소 ㅣ 서울시 마포구 마포동 324-1 곳마루 B/D 1층
전화 ㅣ 02)718-6252 / 6257   팩스 ㅣ 02)718-6253
E-mail ㅣ sunin72@chol.com
Homepage ㅣ www.suninbook.com

정가 20,000원
ISBN 978-89-5933-655-5   93300

헝가리의 북조선 관련 기밀해제문건

박종철 · 김보국 · 박성용 · 정은이

선인
도서출판

[자료 1] 헝가리 국립 문서보관소 본관. 빼어난 경관의 부다성(Buda城) 안쪽, 비엔나 게이트(Bécsi kapu) 옆에 위치하고 있다. 뻬치 셔무(Pecz Samu)가 문서보관소 목적으로 설계한 건물이며, 약 10여 년의 공사를 거쳐 1923년 완공되었다. 한국 관련 근대 자료들(20세기 이전) 일부가 현재 보관되고 있다.

[자료 2] 헝가리 국립 문서보관소 분관(分館). 부다페스트의 3구역 끝자락, 우리말로는 원추리꽃을 의미하는 랑그릴리옴(Lángliliom) 거리에 위치해 있다. 1945년부터 1989년까지 남북한 관련 헝가리 외교 문서가 마이크로필름으로 보관되어 있다.

[자료 3] 헝가리 국립 문서보관소 본관 정문. 헝가리 국립 문서보관소의 명칭이 영어와 불어로 표기되어 있다.

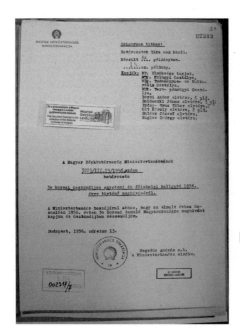

[자료 4] 1956~57학년도(참고: 9월에 신학년 시작)에도 30명의 북한 학생을 장학생으로 초청하는 제안에 동의한다는 1956년 '헝가리 인민공화국 내각(Magyar Népköztársaság Minisztertanácsa)'의 결정 내용이다.

[자료 5] 1992년, 서울에 주재하던 헝가리 대사
관에서 본국에 보고한 내용으로, 한반
도 현안 문제에 관한 외국 외교관원들
의 의견을 담고 있다.

[자료 6] 1956년에 헝가리 교육성에서 헝가리 외무성으로 보낸 공문. 공업기술학교에 다니던 북한
유학생들의 한 학기 성적 결과를 우선 헝가리 외무부에 통지하며, 헝가리 주재 북한 대사관
에도 이 결과를 알려서 당시 헝가리에 있던 북한 유학생들의 교육 관련된 문제점들에 대해
그들과 직접 논의해보고 싶다는 내용이다.

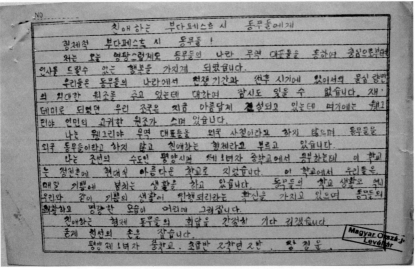

[자료 7·8·9] 1956년 2월 14일, 북한 주재 헝가리 대사관의 외교부 본청 보고 전문 중 첨부자료. 헝가리 대사관 직원들이 1956년 1월 30일, 평양 제1여자 중학교를 방문했을 때 그곳의 학생들로부터 받았던 편지들이며, 이 편지들은 헝가리어로 다시 번역되어 헝가리 외교부 본청에 보고되었다. 이 자료들은 헝가리 국립 문서보관소의 외교행정기밀 문서로 분류되어 있다. 당시 북한의 교육 현황과 관련된 많은 자료들이 외교행정기밀 문서 내에 산재되어 있다. 그리고 편지에 언급되어 있는 것처럼, 헝가리는 북한의 전후 복구 과정에 사리원에 병원을 설립하고, 개성에 공작기계 공장을 건설하는 등 많은 원조를 제공한 바 있다.

Magyar Országos Levéltár
LÁTOGATÓI JEGY

/2013

Kim
Férfi

Anyja neve:

Születési idő, hely: 1970 /Koreai Köztársaság/

Születési név: Kim

Okmány száma: XKIB0

Állandó lakcíme: Koreai Köztársaság

Budapest, 2013.01.08.

P.H.

[자료 10] 헝가리 국립 문서보관소의 2013년 출입증. 상기 출입증은 매년 갱신해야 하며, 이 출입증 소지자는 문서보관소의 출입과 자료 접근이 가능하다.

북한을 이해하는 새로운 창으로서의 헝가리 기밀문서[1]

국제냉전사의 재검토

1990년대 초반 사회주의 국가의 붕괴 이후, 사회주의 각국에서 관련 기밀문건이 발굴되면서 냉전식의 역사에 대한 재검토가 활발하게 진행되고 있다. 특히 구소련과 중국, 동유럽 사회주의권의 공산당, 외무부 등의 당·정·군 기관의 보고서 등이 발굴되면서 관심을 불러일으키고 있다. 이러한 국제냉전사 연구의 재검토 주제 중의 하나가 전 세계에 남은 유일한 분단지역인 한반도 연구이다.

국제냉전사 연구에서 '다국사료 간 교차비교분석(multi-archival comparative research)'을 통하여 한반도를 재검토하고 있는 연구자와 기관으로 김동길 교수의 북경대학 한반도연구센터, 선즈화(沈志华) 교수의 화동사범대학 국제냉전사연구센터 그리고 미국의 우드로윌슨센터(Woodrow Wilson International Center for Scholars), 광운대학교의 썰론떠이 벌라즈(Szalontai Balázs) 등이 주목받고 있다.

북한 문서관련 프로젝트로는 우드로윌슨센터 및 국제냉전사연구센터의 프로젝트를 통해 기밀해제된 문건, 연구논문, 자료집 등이 발간되고 있으며, 인터넷을 통하여 자료와 성과를 공개하고 있다. 우드로윌슨센터의 '북한 국제문서 프로젝트(NKIDP: North Korea International Document Project)'에는 북한 및 사회주의 당·정 최고지도자의 발언록 등이 게재되

---

1) 이 글은 「헝가리의 북한 관련 기밀해제문건에 관한 소개」, 『사회과학연구』 제37집 1호(2013)에 실린 글을 수정·보완하였음.

어 있다. 또한 구소련 및 동유럽 사회주의 국가들의 평양공관이 작성한 각종 보고서를 발굴·해제하고 있다.[2] 또한 시진핑 지도체제 출범 이후 중국에서도 관방부문과 더불어 민간연구자들도 북한연구를 강화하면서, 전 세계 북한 관련 문건을 수집·해제·분석하고 있다.

동유럽의 한국 관련 기밀문건의 현황

1994년 보리스 옐친 러시아 대통령이 김영삼 대통령에게 전달한 한국전쟁 관련 자료 요약문 216건이 계기가 되어 한국에서 소련, 중국, 동유럽 등의 기밀해제문건에 대한 관심이 본격적으로 나타나기 시작했다.[3] 미국, 중국 등의 학자만이 아니라 한국의 기광서 교수, 김성보 교수 등과 군사편찬연구소, 국사편찬위원회 등에 의하여 러시아에서 기밀문건이 발굴, 해제, 분석되었다. 예를 들어, 1997년 러시아연방 국방성 중앙문서보관소와 러시아연방 대통령 문서보관소의 '한국컬렉션' 폰드가 러시아에서 발간되었다. 그러나 한국 학계에는 1953년 한국전쟁 정전 이후의 자료가 매우 제한적으로 소개되고 있다. 더욱이 러시아의 일부 자료가 한국에서

---

2) '북한 국제문서 프로젝트'는 James Person과 Christian Ostermann이 담당하고 있다. 이 프로젝트는 북경대학의 김동길 교수, 화동사범대학 국제냉전사연구센터의 션즈화 교수, 한국 광운대학교의 썰론떠이 벌라즈(Szalontai Balázs) 등이 참여하고 있다. 박종철, 「북중관계 연구현황에 관한 분석」, 『사회과학연구』 34(1), 2010, 79~102쪽. '북한 국제문서 프로젝트' 문헌 및 연구성과는 http://www.wilsoncenter.org/nkidp를 통하여 접속할 수 있다. 이 프로젝트의 하부주제로는 한국전쟁, 냉전시기의 북한, 푸에블로 위기(USS Pueblo Crisis), 중소갈등과 북한, 북한-동독 관계, 북한-헝가리 관계, 북한-중국관계, 북한-소련관계, 1966년 북한공군의 베트남전쟁 지원, 북미관계, 조선인민군, 조선로동당, 1956년 종파사건, 북핵 프로그램, 소련의 대북한 원조, 북한에서는 소련기술자, 남북통일, 4·19와 북한, 5·16과 북한 등으로 분류되어 있다.
3) 이 문건은 국내외 일부 연구자들에게 전달되었지만, 한국학계에서 오독의 가능성을 내포하고 있다. 당시 이 작업을 담당했던 러시아외교아카데미의 바자노프 교수는 옐친대통령이 김영삼 대통령에게 전달한 요약문을 러시아와 한국의 관계 개선을 위한 외교 전략의 일환이었다고 했다.

해제되었지만, 이들 자료 중 극히 일부만이 제한적으로 공개되고 있다는 문제점이 있다.

2002년에서 2005년 한국 학술진흥재단의 지원으로 통일연구원에서 미국, 중국, 타이완, 일본, 그리고 동독의 자료를 수집, 해제한 적이 있다. 구동독자료의 경우 독일 국립문서보관소를 중심으로 독일 외무성 문서보관소, 구동독 당과 대중 단체 문서보관기관, 구동독 국가공안국 문서보관소, 연방공문군사서관 등에서 자료가 수집되었다. 약 3만 건의 문서가 입수되고 데이터화 되었으나, 연구자가 접근하는 방법을 알 수 없다는 문제점이 있다. 이들 3만 건의 기밀 해제문건과 독일 국립문서보관소의 북한-구동독관계 관련 문서 총 53건만이 김면 박사에 의하여 해제되어 출판되었다.

김면 박사가 출판한 문건집은 북한과 동독 간의 공식적인 외교행사 및 동독내부의 다양한 대북 평가보고서를 수록하고 있다. 사회주의 국가 간 관계와 더불어 시대별 북한의 정치, 경제, 군사, 정당관계 및 주민들의 구체적 생활상도 수록되어 있다. 첨언하자면, 이 문건집은 동독과 북한의 초기 관계성립과정에서 동독의 원조 활동과 역할, 전후복구시기 함흥 재건사업활동과 같은 협력사업, 그리고 1960년 이후 중소분쟁 과정에서 사회주의 국가들 사이의 관계, 1960~80년대 북한의 경제정책 및 부문별 경제현황, 정치동향 등을 다루고 있다.

국가기록원(National Archives)도 1980년대부터 해외 기록물을 수집하기 시작하였다. 초기 단계에서는 수집이라기보다 관련 기관의 자료를 복사하는 과정이었다. 1990년 이후 중국, 러시아 등 특정 국가와 기록물을 교류·협력하는 단계로 평가된다. 2000년대 이후가 미국, 일본 등을 중심으로 한국 관련 자료의 수집이 본격화 되는 시기이다. 특히 2004년 몽골과 기록관리 교류협정을 맺고 1950년대에서 1990년대 북한-몽골 관련 문건을 입수하고 있다. 2005년 이후에는 러시아 국립문서보관소, 2006년 이후 베트남 국립문서보관소, 중국 제2역사당안관, 영국 국립문서보관소(Public Record Office), 헝가리 국립문서보관소(The National Archives of Hungary) 등과 협정을 체결하여 자료를 입수하고 있고, 2010년에는 불가리아 국립 문서보관서와 협정을 체결하였다. 불가리아에서 입수한 자료에는 한국의 미디어를 통하여 반향을 일으킨 1962년의 불가리아 유학생의 북한 유학 생 망명 사건 등의 주요한 사건들이 포함되어 있다.[4] 그러나 국가기록원 의 해외 자료 발굴 작업 역시 구소련 자료 및 동독 자료(약 3만 건 자료 중 일부공개)의 발굴, 해제 작업이 제한적으로 진행되고 있다.

중국 문서보관소의 현황

한국 학계에서 중국의 한국 관련 자료는 한국전쟁, 혹은 조선족문제 등 을 중심으로 수집·분석되기 시작했다. 시진핑 지도체제 출범 이후, 중국 은 냉전 시기 사회주의 국가관계를 재검토하고 있다. 2012년 12월에 이와 관련된 연구기관이 출범하면서 북한이 매우 중요 연구 대상으로 설정되 어 있다. 중국외교부의 한반도 관련 기밀해제문건은 중앙일보에서 2000 년대 중반부터 수차례 특집 보도되면서 화제를 불러 모았다.

1990년대 이후 중국의 개방에 따른 중국 당안관(檔案館)의 자료공개가 진전되고 있다. 일례로 필자의 지난 몇 년간 조사에 의하면 현재 중국외 교부 당안관의 북한관련 자료는 중국 당안법에 의하여 1949년~1961년까 지의 자료를 공개하고 있는데, 한반도 관련 자료는 약 1,500여 건을 상회 하고 있다.[5] 또한 참고자료 등도 발굴이 되고 있다.

---

4) 1962년 8월 불가리아에서 유학하는 북한유학생이 불가리아로 정치적 망명을 하게 되 자, 북한 당국이 송환을 요구하였지만, 불가리아 정부가 거부하면서 양국관계는 첨예 하게 대립하고, 1968년이 되어서야 그 관계가 회복되었다.

중국 정부가 문건을 해제하는 이유는 다음과 같다. 첫째, 소련 해체 후 사회주의 각국의 기밀문서가 해제됨에 따라서 중국 관련 사료들을 중국에서도 해제하고 있다. 이는 소련, 북한 등과 입장이 다른 사안에 대하여 중국의 입장을 주장하기 위한 것이라 볼 수 있다. 둘째, 국제적으로 냉전사에 대한 재해석 작업이 이루어지고 있는 분위기에 편승한 측면도 있다. 이런 학계의 분위기에 따라 중국의 민간 연구자들의 연구 활동이 활발해지고 중국 관방이 공식·비공식적으로 문서를 해제하고 있다. 셋째, 탈냉전시기 한반도에 대한 전략적 인식이 변화하고 있다. 탈냉전 시기 북한의 고립이 가속화되면서 북한은 중국에 대하여 사회주의 형제관계를 강조하고 있다. 또한 북한은 한반도를 둘러싼 강대국들 중에서 중국과 여전히 특수한 관계를 유지하고 있으므로, 중국은 한반도에 대한 영향력을 강화하려는 목적으로 북중관계 연구를 더욱 중요시하고 있다. 즉 중국 당·정·군은 중국관방내부의 북중관계 연구와 더불어 민간연구자들의 연구를 독려하기 위한 목적이 있다.

한반도와 중국 관련된 기록은 주로 중앙당안관(中央檔案館)과 중앙군사위원회 당안관(中央軍委檔案館), 중국인민해방군 당안관(中國人民解放軍檔案館) 및 외교부 당안실(外交部 檔案室) 등에 소장되어 있다. 그 외에 북한과 잦은 교류가 있던 '성시급(省·市급)'의 당안관들은 각 지역의 상황과 정책에 따라서 차이는 있지만 대체로 '중앙'에 비해 보다 개방적이다. 특히 베이징, 상하이, 광저우 등의 대도시와 길림성(吉林省), 흑룡강성(黑龍江省), 료녕성(辽宁省) 등 북한과 역사적, 지리적 교류가 깊은 지역의 지방문서고는 북한과 관련된 문서를 다수 소장하고 있다. 최근 일부

---

5) 중국의 기록보존기관은 당안관(檔案館, Archive)이라고 한다. '당안법(檔案法)'에 의하여, 정부의 공식 기록문서는 일반적으로 생산된 이후 30년이 경과하면 공개하는 것으로 규정되어 있다. 그러나 외교와 국방에 관련된 기록물은 공개기한을 50년까지 연장할 수 있도록 되어 있다.

성시급 당안관은 부분적으로 외국인 접근 제한 조치를 하기도 하였다.

국방부 6·25전쟁사업단의 미국 국립문서기록관리청 사료 수집 현황

국방부 6 · 25사업단은 미국 워싱턴에 소재한 국립문서기록관리청(NARA: National Archives and Records Administration)에 소장된 한국 관련 비밀 해제 문서를 체계적으로 수집 중이다. 최근 신문에서 이를 보도했으며, 해외 한국 관련 자료 수집의 모범적인 사례로 평가받고 있다. 미국 워싱턴에 있는 국립문서기록관리청에는 전 세계 근 · 현대 자료가 수집되어 있다.[6] 제2차 세계대전의 패전국인 독일은 이미 NARA에서 동독 등 독일 자료를 모두 찾아갔으며, 일본은 1980년대부터 일본 국립중앙도서관 및 방위성 직원 등 8~10명을 파견해 일본 관련 자료를 수집하고 있다.

한국 국방부는 영관급 장교를 파견하여 한국 관련 문서를 수집하고 있다. 국방부의 파견 장교(남보라 소령)는 2012년 9월부터 5년간 워싱턴에 상주하며 6개월 단위로 한국에 수집된 자료를 전달하는 작업을 진행하고 있다. 한국 관련 자료와 함께 전시에 노획한 북한 · 중국 · 러시아 자료를 수집하여 검토하는 작업도 병행하고 있다. 지금까지 수집한 자료 중 브라우넬 위원회보고서(1952년)에 따르면 미국이 북한의 6 · 25 남침 가능성을 사전에 알았지만 정보 판단과 비효과적인 의사 결정으로 인해 이를 사전에 예방하지 못했다. 또한 비밀첩보부대인 '미 극동군사령부 주한첩보연락처(KLO: Korea Liaison Office)' 일명 켈로부대의 전투 사실을 입증하는 작전지시 문서와 그 부대에 소속됐던 약 3만 명의 한국인 명단 중 일부도 확보됐다. 특히 "인천상륙작전과 관련된 한국군 문서만 1,200만 장" 이상

---

6) www.archives.gov NARA의 소장 자료는 문서 100억 장, 지도 · 도면 1,200만 장, 항공사진 2,400만 장, 영상필름 30만 개, 화상 및 녹음 기록 40만 개, 전자 데이터 133테라바이트(종이 문서로 565억 장) 분량이다.

이라고 알려져 있다.[7]

국방부 6·25전쟁사업단이 국립문서기록관리청에서 진행하는 한국 문제 관련 자료 수집은 장기간에 걸쳐 상주하는 전문가를 파견했다는 점에서 모범적인 사례로 볼 수 있다. 그러나 독일, 일본 등이 장기간 파견할 대규모 연구 인력을 구성하여 자국의 역사를 연구하고 있다는 점은 한국의 해외 자료수집과 해제에 시사하는 바가 매우 크다.

헝가리 기밀자료 특종

필자가 북경에서 박사과정에 있던 2005년 6월 16일 한국 연합신문에 흥미로운 기사가 게재되었는데, 몇 년 동안 필자의 머릿속을 감돌았다. 이후 수차례의 미국의 소리(Voice of America)의 한국어 방송에 헝가리 기밀자료가 보도되어 반향을 일으켰다. 연합뉴스 기사가 흥미로우므로 전체를 게재해 본다.

> ### (워싱턴=연합뉴스, 2005년 6월 16일) 윤동영 특파원
>
> 1950~60년대 북한에 주재한 옛 소련과 동구권 외교관들은 같은 공산국가인 북한의 사회상에 대해 "만연한 불신과 의심, 점증하는 긴장"이라고 표현했다. 특히 1960년대 초 중국의 농업 정책 실패로 인한 대기근으로 만주지역 조선족 3만 명이 대거 북한으로 피난했다는 헝가리 대사관 보고서는 최근 중국으로 흘

---

7) NARA에 있는 모든 자료는 미국 중심으로 정리되어 있어, 한국 자료 중심으로 목록을 재작성한다. 이를 사서에게 전달하면 보통 이튿날 박스째로 남보라 소령에게 자료가 전달된다. 자료는 모두 원본자료인데 밀봉(密封) 후 한 번도 안 열어 본 것이 대부분이다(조선일보, 2012. 11. 06).

러드는 탈북자 대열과 대비된다.

▲ 미군 공습 피해에 미군포로 살해로 보복 = (1950년 8월 23일 중국 주재 헝가리 대사관 보고서) 1950년 8월 21일 베이징 주재 소련 대사는 북한 인민군이 미군 공습으로 민간인이 많이 죽자 격분해 사령부의 거듭된 지시를 어기고 미군 전쟁포로들을 살해했다고 솔직히 말했다.

▲ 헝가리, 북한 전쟁고아 양육 = (1953년 3월 4일 헝가리 대사관 보고서) 김일성은 헝가리가 지난해 가뭄 때문에 어려운 사정을 감안해 올해는 고아들을 (헝가리에)보내지 않으려 했으나 헝가리 정부의 공식 요청 때문에 보낼 것이라고 말했다. 김일성은 헝가리에 보낸 우리 아이들이 매우 좋은 대우를 받고, 공부할 수 있는 좋은 기회도 갖게 됐다고 사의를 표했다.

▲ 헝가리 북한 유학생 근면성 = (1957년 8월 13일 헝가리 교육부 비망록) 교수들은 북한 학생들의 유난한 근면성을 강조했다.

▲ 동구권 유학생 소환 = (헝가리 썰론떠이 벌라즈(Szalontai Balázs) 논문) 북한은 1956년 말 공산 우방에 있던 대부분의 유학생을 학업도 마치기 전에 소환했다. 해외경험 때문에 북한 상황에 대해 비판적 인식을 갖게 됐다고 여겼기 때문이다. 1957~58년 많은 동구권 유학생 출신들은 외국인들과 서신교환도 불허됐고, 자격에 걸맞은 자리에 임명되지도 못했다.

▲ 북한 심판 편파성 = (1959년 5월 18일 헝가리 대사관 보고서) 북한 심판들이 눈에 띄게 북한팀에 유리하게 편파적 판정을 하는 바람에 외국 원정팀은 모두 불만 속에 떠났다.

▲ 김일성의 대 언론 불만 = (1959년 12월 16일 헝가리 대사관 보고서) 12월 노동당 전체회의에서 김일성이 북한 언론에 대해 작은 문제들을 크게 중요한 것처럼 다루고, 연이어 매일 보도함으로써 국민여론을 오도한다고 격하게 비판했

다고 소련 대사가 전했다.

▲ 함흥은 동독이 재건해준 '신도시' = (베른트 쉐퍼 논문) 김일성이 동독의 오토 그로테볼 총리에게 보낸 서신에 따르면, 1955~1962년 그로테볼 총리의 동생(혹은 형)을 단장으로 한 동독 전문가와 기술자 457명이 북한 주민을 지휘해 함흥을 5천 236채의 아파트와 공장, 발전소, 병원, 음식점, 오락시설을 갖춘 완벽한 도시로 재건했다. 동독이 북한 도시 재건 지원을 제안하자 김일성이 함흥을 지정했다. 김일성은 1956년 5월 함흥을 방문, 재건 상황을 시찰한 뒤 1962년 완공 때까지 수차례 더 방문하며 관심을 보였다. 북한 지도부는 함흥이 평양보다 더 발전하고 멋진 도시가 되는 것을 우려한 듯 상당량의 자재를 평양으로 빼돌렸다. (70년대 후반 청와대 중화학공업담당 수석비서관이었던 오원철 씨는 함흥이 6·25때 완벽하게 파괴됐음에도 비료 공장 등이 신속히 복구된 것이 당시 소련 기술 수준으로는 어려웠다는 점에서 불가사의 중 하나로 생각했다고 말했다.)

▲ 김일성, "외삼촌 강양욱은 좋은 목사" = (1960년 10월 11일 헝가리 대사관 보고서) 대사관이 입수한 정보에 따르면 북한 노동당이 60년 봄 채택한 대중노선 결의는 국내 정치상황을 "복잡하다(complicated)"고 묘사했다. 결의는 이같이 복잡한 상황에 다음과 같은 요인들까지 더해 정치사업이 방해받고 있다고 지적했다.

첫째, 거의 모든 주민들이 남한에 친척을 두고 있고 많은 경우 월남자들이다.
둘째, 미국과 남한의 일시 점령기에 비록 강압 때문이긴 하지만 많은 사람이 각종 방식으로 점령군(국군과 미군)에 협력했다.
셋째, 전쟁포로출신 일부도 문제의 요인이다.
넷째, 많은 수는 아니지만 아직 프티부르조아 잔재가 남아 있다.

(1961년 6월 8일 헝가리 대사관 보고서) 북한 내각에 있는 당원인 지인으로부터 입수한 정보에 따르면, 김일성의 3월 27일 프롤레타리아 독재에 관한 교시를 당과 내각의 중간선까지 듣고 공부했다. 김일성은 "주민의 0.5%만 남한에 가족이나 친척이 없거나, 일본과 미국에 부역한 사람이 없거나 소외계급(class-alien) 출신이 없는 사람이다. 그렇다고 99.5%를 적으로 간주할 수는 없다. 30세 이상의 주민은 거의 모두 일제 치하에서 먹고살기 위해 어쩔 수 없이 일했던 점을 고려해야 한다. 친일로 간주할 사람들은 시도의 고위직이나 공무원들, 기업 소유주들, 경찰 간부 등이다. 프롤레타리아 독재는 종교인 가운데서도 미국에 부역한 목사들만 겨냥해야 한다. 내 할머니도 내가 빨치산 활동을 할 때 기도를 해줬다. 나의 외삼촌인 강양욱도 좋은 목사였다"고 말했다.

(1962년 4월 5일 헝가리 대사관 보고서) 함흥 당위원회에 있는 정보원에 따르면 지난달 '정치적 통제'가 강화됐다. 지방 당조직은 정기적으로 주민동향 보고서를 제출해야 한다. 외국을 방문했거나 소련에서 살았던 주민들은 '요주의' 계층으로 분류돼 별도 명단이 작성됐다.

(1964년 6월 1일 헝가리 대사관 보고서. 1960년 10월 보고서와 같은 내용이어서 북한 내부의 정치불안이 수년째 시속되고 있음을 보여준다.) 북한에서 눈에 띄는 특징은 만연한 불신과 의심, 점증하는 '긴장'이다. 이미 보고한 대로 2월 당 중앙위 전체회의에서 '다양한 계층의 주민 사업' 문제가 논의됐다. 우연히 입수한 비밀문건에 따르면 놀랍게도 '다양한 계층의 주민'이란 본질적으로 '믿을 수 없는' 계층과 요소를 뜻한다. 그 비밀문건은 이들에 대한 교육과 재교육, 설득을 강조하고 있으나 결국은 토론이 아니라 조직 사업의 성격이다. 미확인 정보에 따르면 대규모의 조직적인 주민 재배치가 '수도 인구 분산'이라는 이름으로 추진되고 있다고 한다. 인민 권력 20년째, 전후 10~12년째에도 인구의 상당 부분이 다음과 같은 기준에 따라 분류되는 게 드러난 것이다.

첫째, 전쟁기간 월남자들의 가족.

둘째, 북한이 점령된 기간 조직된 반혁명 단체들의 구성원과 가족.

셋째, 전 (북한인민군) 전쟁포로와 중소 상인, 전 종교인, 그 가족.

넷째, 월북자, 옛 지식인, 그 가족과 북송 재일교포.

북한이 분단국이라는 점 때문에 어느 정도 이해는 되지만, 전 전쟁포로와 남한의 일시 해방기에 인민군에 자원입대한 사람들까지 의심한 것은 이해할 수 없다. 이들을 사회주의 건설에 동참시켜야 하면서도 "일상생활을 철저히 감시해야 한다. 특히 그 자식들을 주시해야 한다."

▲ 일상적 동원으로 인한 피로감 확산 = (1962년 4월 5일 헝가리 대사관 보고서)

정치적 통제 강화와 동시에 경제, 특히 공업 생산과 상품 공급난이 있다고 함흥 당위원회의 정보원은 말했다. 생활수준이 후퇴했다.

주민 사이엔 지난 수년간 진행돼온 급속한 속도의 독려(천리마운동 등을 가리킨 듯)로 인해 피로감이 쌓였다.

1주일 중 하루는 육체노동이 의무화됨으로써 이 같은 피로감이 더욱 커졌다. 3월부터 평양의 각 기관과 사무실은 1주 5일 근무제로 전환하고 6일째는 육체노동을 해야 한다. 또 매일 2시간짜리 정치학습 외에 일요일 아침 강제 집단 정치학습도 있다. 외무성도 토요일엔 (육체노동을 위해)근무하지 않는다.

▲ 탈중자(脫中者) 3만 명 북한 유입 = (1962년 4월 28일 헝가리 대사관 보고서)

중국의 대약진운동으로 말미암은 기아로 인해 1961년 9월까지 약 3만 명의 조선인이 만주를 탈출, 북한으로 흘러들었다.

▲ 소련파, 연안파 집요한 제거 = (베른트 쉐퍼 논문) 김일성은 1956년 노동당내에서 개인숭배 등의 문제로 반란에 직면했으나 8, 9월 2차례의 임시 전체회의에서 반대파를 제압했다. 일부 반대파가 평양 주재 소련대사관에 가서 김일성에

대한 불만을 토로하자 소련은 김일성에게 이 사건들에 대한 설명을 요구했고, 소련뿐 아니라 중국도 대표단을 보내 (권력투쟁에) 공동 개입하는 사태까지 빚어졌다. 그 결과 출당됐던 중앙위원 일부가 '재교육' 명목으로 복권됐으나 3주 만인 1958년 3월 숙청됐다. 소련 주재 이상초 북한 대사가 김일성의 개인숭배를 비판했다가 강등 당하자 소련에 망명했다. 소련은 북한의 송환 요구를 거부했다. 친중파인 연안파에 대해서도 1958년 3월 마지막 중국군이 철수하자 김일성은 제1 경쟁자였던 연안파 거두 김두봉 최고인민회의 의장을 제거했다. 1962년 (중국과 관계가 가까워지자) 김일성은 1956년 반당분자로 찍혀 중국에 망명했던 중앙위원 4명의 송환을 중국 측에 요청, 중국으로부터 돌려받았다. 이들은 처형됐을 것으로 보인다.

▲ 군량미 비축으로 쌀 부족 = (1963년 2월 15일 헝가리 대사관 보고서) 최근 평양 주민들의 쌀 배급량이 과거보다 50% 줄고 옥수수와 감자로 대체됐다. 체코 대사 말로는 쌀을 군량미로 비축하기 위한 것일 것이라고 했다.

▲ 1960년대 석유 발견 기대 = (1963년 8월 26일 헝가리 대사관 보고서. 김일성을 만난 루마니아 대사가 소련 대사에게 얘기해준 김일성의 말을 소련 대사가 헝가리 대사에게 다시 전한 것) 소련 지질학자들이 오랫동안 북한에서 석유를 찾았으나 발견하지 못했다. 우리 생각에, 고의로 석유가 없는 곳만 탐사한 것 같다. 그래서 루마니아 지질학자들에게 부탁한다. 우리는 루마니아 지질학자들을 최대한 지원할 것이다. 성공하길 바란다.

▲ '혼혈 결혼(국제 결혼)' 터부시 = (1963년 6월 22일 헝가리 보고서) 독일 대사는 국제결혼을 '한국 민족에 대한 범죄'라고 부른 한 북한 노동당 간부의 연설을 "(나치 독일의) 괴벨 같다"고 평했다.

(1963년 10월 2일 헝가리 대사관 보고서) 북한 정부의 이른바 혼혈 결혼 (mixed marriage)에 대한 태도는 이해할 수 없을 정도다. 북한인 남편을 평양

에서 추방하고, 소련이나 다른 우방 출신 부인들의 여행을 제한한다. 소련 대사로부터 들은 얘기다. 9·9절 전 (북한 남성과 결혼한) 소련 여성 한 명이 아이 둘을 데리고 소련 대사관에 나타났다. 옷은 헤지고 몸은 멍투성이였다. 그 여성은 소련으로 떠날 생각에 두 달 전 거주지에서 평양 여행 허가를 신청했다. 당국은 불허했으나 평양행을 강행, 기차를 탔다가 뒤쫓은 경찰에 의식을 잃을 정도로 얻어맞은 것이다.

(1964년 2월 동독 대사관 보고서) 북한 당국은 동구권 국민과 결혼한 북한인들을 평양에서 지방으로 추방하고 유럽 배우자들과의 이혼을 강요했다.

▲ 동독 대사관에 대한 투석 = (1964년 4월 3일 동독 외교부 기록) 평양주재 동독 대사관에 대한 투석, 절도 미수, 디나라는 이름의 대사관 애견 '납치' 사건 등이 잇따랐다.

▲ 쿠바 대사 봉변 = (1965년 4월 2일 동독대사관 보고서) 3월 28일 쿠바 대사가 가족 등과 함께 평양 관광 중 (6·25 때) 건물 폐허를 찍으려 하자 수많은 군중이 몰려들어 차를 주먹으로 내리치고 나오라며 욕설을 퍼부었다. 군중은 쿠바 대사를 깜둥이라고 불렀다. 쿠바 대사는 평양 주재 대사중 기본적인 한국어를 비교적 잘 구사하는 유일한 사람이다. 대사가 차에서 내렸다가 카메라를 빼앗겼을 때 보안부대가 도착해 매우 야만적으로 어린이를 포함한 군중을 해산시켰다. 차량에 달았던 쿠바 국기를 찾기 위해 보안군이 행인과 인근 주택을 검문검색할 때는 더 야만적으로 대했다. 쿠바 대사는 김일성 면담을 요구했다. 이틀 뒤 쿠바 대사를 만난 김일성은 피델 카스트로에게 유감을 전해 달라며 책임자 처벌과 재발 방지를 약속했다.

헝가리 국립문서보관소의 기밀문건 해제 현황

오스트리아-헝가리 제국은 효율적 통치를 위하여 문서를 체계적으로 수집, 보관하였고, 현재 총연장 73km 이상의 문서를 소장하고 있는 세계 최대의 문서보관소 중의 하나이다. 1948년 헝가리와 북한이 수교를 맺으면서 헝가리 국립문서보관소는 한반도 관련 자료를 수집, 보관하기 시작했다.

헝가리 국립문서보관소(The National Archives of Hungary, 이하 MNL: Magyar Nemzeti Levéltár)[8])에는 제2차 세계대전이 종전한 1945년부터 1993년까지의 한반도 관련 자료가 소장되어 있다. 1945년부터 1993년까지 헝가리 외교부 및 정보당국 등에 의하여 작성된 한반도 관련 문건이 약 5만 페이지를 상회하고 있다. 헝가리국립문서보관소는 1945년부터 1964년까지 북한 관련 문서철에 남북한 관련 자료를 함께 보관하고, 1965년부터 1993년까지 남한과 북한의 자료를 분리하여 보관하고 있다. 특이할 만한 점은 1969년 자료만 북한 문서철에 남한 관련 자료를 같이 보관하고 있다는 것이다. 헝가리와 남한의 교류로 인해 남한 관련 자료가 증가하였고, 1988년 서울올림픽을 기점으로 남한 자료가 북한 자료의 80% 수준에 이르게 되었고, 1989년 헝가리와 남한의 수교 이후 북한 문서를 초과하고 있다.[9]) 아쉬운 점은 1956년 헝가리 혁명 당시 헝가리 국립문서보관소의 화재로 상당부분의 문건이 소실되었다. 하지만 남북한 관련 자료는 소실되지 않았다. 1945년 이후의 남북한 관련 자료는 다른 곳에서 보관하고

---

8) 헝가리 국립문서보관소(The National Archives of Hungry, MOL: Magyar Országos Levéltár)는 2012년 헝가리 국립문서보관소(The National Archives of Hungary, 이하 MNL: Magyar Nemzeti Levéltár)로 명칭이 변경되었다. 홈페이지는 다음과 같다. http://www.mnl.gov.hu. 다양한 언어로 검색이 가능하고, 홈페이지를 통하여 연구목적의 방문자를 위한 다양한 정보를 제공하고 있다.
9) 당시 김정일의 이복동생 김평일이 1988년부터 헝가리 대사로 임명되었다. 한국과 헝가리는 1988년 12월에 수교를 하였는데 김평은은 곧바로 불가리아 대사로 전근 조치되었다.

있다.

헝가리 국립문서보관소의 문건자료는 두 종류로 분류할 수 있다. 첫째, 외무, 행정 분야의 한반도 관련 공식적인 문서, 둘째, 헝가리 외교 및 정보 당국에 의하여 작성, 수집된 자료이다. 이들 자료는 대부분 평양 및 사회주의 각국 공관의 외교관 및 정보담당자에 의해 작성된 보고내용이다. 후자의 경우, 기밀문서(TUK:Titkos ügykezelés, 기밀취급문서)로 분류되어 있다. 김보국 박사는 헝가리 국립문서보관소의 한반도 관련 자료는 연대기별 혹은 주제별 분류를 통한 체계적 정리가 미진한 상태라고 지적하고 있다.

한국에서는 김보국 박사에 의하여 1945년부터 1993년까지의 헝가리 외교부 문건 일부 자료(헝가리 외교부 기밀문서: XIX-J-1-j)가 목록으로 편찬되어 있다. 본 도서는 헝가리 국립문서보관소에 소장하고 있는 남북한 관련 외교 기밀문서 전체(1945~1993)에 대한 목록집이다. 문서 생성기관은 헝가리 외무부이며, 5만 페이지 이상의 이 문서들은 대부분 평양에 상주하던 헝가리 외교 공관에서 본국으로 보고한 내용들이 주를 이룬다. 이 외에도 보고 사안에 따라 미국, 구소련, 일본, 중국, 베트남, 아프리카 국가 등에 상주하던 헝가리 외교 공관의 보고서도 참고 자료로 함께 있으며, 1980년대 후반, 헝가리가 남한과 외교관계를 맺은 후에는 서울에 있던 헝가리 공관에서 본국으로 보고한 내용들도 다수를 이루고 있다.

내용은 정치, 외교 사안에 대한 보고서들이 다수를 점하고 있으나, 예술, 사회, 학문 등 사회 전반에 대한 관련 보고도 드물지 않게 등장한다. 특히 주요한 한국 현대사의 거의 모든 사건에 대해 헝가리 외교관의 시선뿐만 아니라 평양에 상주하던 다른 국가의 외교관들과 나눈 의견과 그들의 관점을 종합적으로 보고하고 있기 때문에 자료의 가치는 높다고 평가할 수 있다. 부분적으로 국내에 조금씩 알려지기는 했지만 전체의 내용에 대한 목록집으로는 김보국 박사의 출판물이 최초이다. 이 목록집은 헝가리 부다페스트 엘테(대학교)에서 재직했던 김보국 박사가 6년에 걸쳐 정리한 내용이다. 방대한 양 때문에 현재 목록집으로만 출판한 것이 조금 아쉽지만, 목록집에 등장하는 남북한 관련 주요 사건에 대한 내용도 곧 출판될 예정이다. 남북한의 현대사를 전공하는 연구자들과 일반인들에게는 신선한 해외 자료로 역할을 할 수 있을 것으로 기대된다.

이상과 같이 한국에서는 김보국 박사의 수차례 강연을 통해 헝가리 국립문서보관소에 대한 개략적인 소개가 있었고 목록집으로 출판되어 대략이나마 여러 자료의 내용을 가늠할 수 있다. 김보국 박사는 냉전 붕괴 시기 1980년 후반부터 1990년 초반 남한 관련 헝가리 기밀 문건에 대한 해제 및 출판을 준비하고 있다고 한다. 헝가리 내 북한 관련 자료로 가장 많은 연구 성과를 거둔 학자는 썰론떠이 벌라즈(Szalontai Balázs)10) 박사로 헝가리 출신이며 광운대학교 교수로 재직 중이다.11) 부다페스트 비즈니스 스쿨(Budapest Business School)에 재직 중인 오슈바트 가보르(Osváth Gábor) 교수가 헝가리 혁명 50주년을 맞아 발표한 보고서 '한국인과 1956년 헝가리 혁명'을 보면 북한 유학생들이 혁명에 참가했던 기록들이 포함되어 있다.12)

---

10) 한국전쟁 종전 이후 북한은 헝가리와의 협약에 따라 950여 명의 전쟁고아와 일부 젊은 유학생들을 헝가리로 보내 교육을 받도록 한 것으로 알려져 있다. 이들 중 대략 200여 명의 북한 학생들이 1956년 헝가리 혁명에 직간접적으로 참여한 것으로 알려졌다. 4명을 제외한 학생전원이 북한으로 소환되어 숙청당한 것으로 알려져 있다.

11) 썰론떠이 벌라즈(Szalontai Balázs)는 헝가리 출신 북한 전문가로 주로 북한 정치사에 초점을 맞춘 연구를 하고 있다. 특히 헝가리 내 북한 관련 주요 외교문건 해제를 해제하고 있다.

12) 전쟁고아 및 유학생 등 약 300여 명이 1956년 헝가리 혁명에 참여하였고, 대부분이 북한으로 소환되어 숙청되었다고 한다. 일부는 송환을 거부하였고, 현재까지 소재가 파악되지 않고 있다고 한다. 동유럽위기와 북한의 동포귀국사업으로 1950년 후반 평양에는 슬라브계열의 외국인 부인들이 많이 활보하게 되었다. 1960년대 초반 중소관계 악화가 심화되면서 동유럽에서 유학생들의 망명사건이 일어나게 되었고, 평양에

미국에서도 헝가리 기밀문건이 해제, 분석되고 있다. 2001년부터 헝가리 국립문서보관소의 기밀 문건을 발굴, 해제, 분석하고 있다. 이들 문서는 주로 헝가리 외교부와 헝가리 사회주의자노동당에서 작성된 것들이다. 첫째, 외교부(Ministry of Foreign Affairs) 최고 기밀자료(Top Secret Files: XIX-J-1-j)의 북한문건(North Korea country files)이다. 둘째, 헝가리 사회주의자노동당(Hungarian Socialist Workers Party) 중앙위원회, 정치국, 비서국(Central Committee, Political Committee, Secretariat)의 문건 (MNL-M-KS-288)과 최고간부회의(presidium, MNL-M-KS-228 f.59. cs)의 관련 문건이다.

서는 외국인의 부인들을 강제 귀국시키거나 지방으로 이주시키게 되었다. 대표적으로 불가리아, 동독, 헝가리 유학생의 망명사건이 있었다.

감사의 말씀

2006년 북핵실험으로 북경에서는 북한에 대한 관심이 고조되었고, 세계인들은 북중관계와 중국의 대북정책에 매우 관심을 기울이고 있다. 이 시기 중국에서도 중국당안법에 의하여 북한 관련 기밀문서를 공개하고 있었다. 중국자료에도 헝가리 자료와 유사한 내용이 포함되어 있다.

최근 몇 년간 북경대학교 역사학과 겸 한반도연구센터 김동길 교수님의 도움과 지도하에 동유럽 자료 등을 이용하여 연구할 기회가 있었다. 김동길 교수께서 헝가리 문건에 대하여 유익한 이야기를 해주셨다. 김동길 교수께 거듭 감사의 말씀을 드린다.

박 종 철

헝가리의 북조선 관련 기밀해제문건

북조선 주재 헝가리 대사관에서 외교부로 보낸 보고

(1963년 2월 15일)

문건번호: MNL, XIX-J-1-j Korea, 6. doboz, 5/d, 0011/RT/1963.

조선로동당 중앙위원회 12월 전원회의(역주: 1962년 1월 제4기 제5차 전원회의)에서 국방력강화 결의안이 통과됐다. 결의안에는 전국에 걸친 강력한 국방 시스템 확립, 전인민의 무장화, 전시동원체제의 지속 등의 내용이 포함되어 있다.

내가 획득한 정보에 의하면 현재 대규모의 공사가 전국적으로 진행 중이고, 산에서는 참호 구축 작업뿐만 아니라 인민들을 위한 방공호 건설이 진행되고 있다. 소련 대사가 나에게 준 정보에 의하면, "소련대사와 김일성의 대화 중 김일성은 북조선의 지리적 여건(산악지형) 상 상당부분의 (핵)폭발이 산지 지형으로 인해 확산되지 않기 때문에 핵 전쟁에서 확실한 이점이 있으며, 대규모 파괴를 위해서는 상당히 많은 폭탄이 필요할 것이라고 설명했다"고 한다. 방공호 건설은 아마도 김일성이 말한 것과 연관이 있을 것으로 추측이 된다.

북조선이 남베트남을 사례로 언급한 이론을 선전하고 있다고 체코슬로바키아 대사가 나에게 정보를 제공했다. "남베트남에서는 고딘디엠(吳廷琰, Ngo Dinh Diem) 정권과 미국 제국주의 군대를 상대로 전쟁이 벌어지고 있다. 잘 알려져 있듯 유격대 부대가 고딘디엠 괴뢰정부의 영향력으로부터 영토를 더욱 많이 확장하는 데 성공하고 있다. 이런 상황에도 불구하고, 미국은 핵폭탄의 사용을 고려하지 않고 있다." 미국이 조선전쟁에서와는 다르게 행동할 것이라는 가정(핵무기를 사용)을 입증할 만한 것이 있는가? 그러한 가정을 뒷받침할 만한 근거는 분명히 없다.

저녁만찬에서는 외교부 부부장 김태휘가, 그리고 만찬 후에는 판문점 군사정전위원회의 북조선 대표인 장종환 소장이 체코슬로바키아 대사인 모라베크(Moravec) 동지에게 다가와 다음과 같은 질문을 했다고 한다. "만약 적이 당신 집에 있는 두 개의 방 중 하나를 점거했다면, 당신은 어떻게 할 것인가?" 모라베크 동지는 "어떤 일이 일어나든지 간에 건물 전체를 부수거나 혹은 도시 전체를 파괴할 위험이 있는 방법을 쓰지는 않을 것이다."라고 대답했다. 그 이후 장종환 장군은 그의 손에 있던 담뱃갑을 테이블에 던지고 그에게서 떠났다고 한다. […]

나는 소련대사인 모스코브스키(Moskovsky) 동지와 이 이슈들에 대해 대화를 했다. 모스코브스키는 다음과 같이 말했다. 최근 그는 조선로동당 중앙위원회 부위원장 박금철을 만났다고 한다. 소련의 유력기관들은 휴가를 위하여 초청전보를 발송했다고 한다. 그는 박금철에게 전보를 전달하는 임무를 맡았다. 그때 그는 박금철에게 다음과 같은 의견을 구했다고 한다.

[…] 최근 박정희와 남조선 군사 지도자들이 유엔군 사령관 겸 주한미군 사령관인 멜로이(Meloy)와 남조선 방위에 대해 나누었던 대화에 대하여 그는 박금철의 의견을 물었다.

박금철 부위원장은 다음의 두 가지 이유에서 당분간 모험주의적 군사태세를 취하지 않을 것으로 예상된다는 견해를 피력했다. 첫째, 형태는 다르지만 파시스트 독재와 같은 권력에서 권력의 민간으로의 이양이 진행되고 있는데, 남조선은 권력이양으로 분주하기 때문이다. 둘째, 현재 남조선의 경제상황이 어려운데, 이런 상황에서 모험주의적 목적 달성을 위해 상당한 준비를 해야 하지만, 그런 준비를 할 수 없기 때문이다.

이어서 박금철 위원장은 남조선에 대한 입장을 상세히 설명했다고 한다. 이승만이 축출된 이후 장면 정권이 들어섰으나 작년 초(1962년)에도 남조선 상황에 대한 그들(북조선)의 입장은 학생과 인텔리겐챠(지식층)에 의한 파시스트 독재에 대한 반대투쟁을 쟁취하는 것은 가능하다고 했었다. 그러나 지금은 박정희가 경제상황을 어느 정도 회복시키는 데 성공해서 그런 가능성이 희박해졌다는 것이다. 이러한 상황에서 파시스트 독재자들과 평화 통일에 대해 협상할 수 없으며 통일의 과정은 지연될 것이라고 언급했다. […]

조선로동당 중앙위원회의 결의에 대하여 모스코브스키 동지도 평시에 인민을 무장시키고 전시동원체제를 유지하는 것이 유별난 조치라고 생각한다고 했다. 북조선과 중국의 경제 상황이 상당히 어렵고, 더욱이 두 국가는 많은 문제에 봉착해 있다. 그런데 이런 상황에서 이들의 군사적 활동을 예측하기는 어렵다고 언급했다. 혹은 이와 반대로 "경제적 난국이 중국과 북조선을 모험주의로 몰아넣지 않겠는가?"라고 모스코브스키 동지가 질문했다. 이러한 질문에 나는 긍정이든 부정이든 대답하기가 쉽지 않았다. 12월 전원회의 결의안에서 첫 번째 문장은 다음과 같이 시작된다: 국제 정세는 조선 혁명에 유리하다. 그러나 결의안의 나머지 부분은 이를 반박하고 있다. 또한 한편으로는 박금철은 북조선이 남조선의 모험주의적 도발의 위협에 처해있지 않다는 의견을 피력했다. 만약 북조선이

현 상황을 이상과 같은 관점으로 판단하고 있다면 […]

그런데 왜 이와 같은 비정상적인 방위 수단이 필요한 것일까?

꼬바치 요제프(Kovács József) 대사

북조선 주재 헝가리 대사관에서 외교부로 보낸 보고

(1963년 5월 27일)

문건번호: MNL, XIX-J-1-k Korea, 5. doboz, 5/f, 1/25/17-1/1963.

5월 23일에 […] 우리는 해방전쟁을 기념하기 위해 건립된 평양의 박물관(역주: 조국해방전쟁기념관)을 방문했다.

[…] 나(거러이스끼 이슈뜨반, Garajszki István)와 우리를 동행했던 조선인민군 정치장교 사이에 흥미로운 대화가 오갔다. 아무리 수소폭탄이라 할지라도 동굴화 된 요새에 피해를 입힐 수는 없을 것이라고 그들은 단언했다. 나는 깊은 동굴에 있는 사람이 폭발 시 한순간은 생존할 수 있지만, 지상의 모든 것이 파괴되고 방사능에 오염된 상황에서 오랜 기간 동굴을 떠날 수 없을 것이라고 언급했다. 그는 동굴에 있는 사람들에게 필요한 모든 것이 제공될 것이고 미국은 전 국토를 유린하지는 못할 것이라고 대답했다.

그러므로 그는 "김일성 동지의 명령에 따라 우리는 전국에 이와 같은 동굴망을 건설하고 있다"라고 말했다. 내가 북조선 크기의 지역을 초토화하는 데 2개 혹은 3개 정도의 수소폭탄이면 충분하다고 말했을 때 그는 당황했다. 그리고 "바위동굴로 우리는 첫 번째 전쟁에서 승리했었고, 두 번째 역시 그러할 것이라고 김일성 동지가 말했다"라며 **그 장교가 단언했다** [원문에서 강조]. 그의 말을 듣고 나는 얘기를 그만뒀다.

[…]

펜들레르 까로이(Fendler Károly) 부대사

북조선 주재 헝가리 대사관에서 외교부로 보낸 보고
(1964년 1월 11일)

문건번호: MNL, XIX-J-1-j Korea, 5. doboz, 5/bc, 0015/RT/1964.

　　1964년 1월 10일에 나는 모스코브스키 소련 대사 부부와 보드나라스 (Bodnaras) 루마니아 대사 부부를 저녁식사에 초대했다. 식사를 마치고, 모스코브스키 동지가 북조선의 정치적 상황 및 입장과 관련되어 지난 몇 년간 제기된 소련 문제에 관해 다음과 같은 사실을 나에게 말했다.
　　[…]

　　모스코브스키 동지는 나에게 (1963년에) 북조선의 기관들이 라디오 방송국, 실험용 원자로, 소련의 도움과 협조로 건설된 방직공장 등에서 일하던 소련 기술자들에게 지문을 요청했다고 말했다. 그리고 북조선 당국은 기술자들에게 친척, 친구, 주소 등의 72개의 항목이 포함된 서류를 상세하게 작성하게 했다고 말했다. 북조선의 '동료'는 기술자 중 한 명에게 "만약 어떠한 이유로 당신에게 연락이 닿지 않으면 우리가 당신의 친척들에게 연락을 취하기 위하여 서류가 필요하다"라고 말했다고 한다. […]

　　　　　　　　　　꼬바치 요제프(Kovács József) 대사

북조선 주재 헝가리 대사관에서 외교부로 보낸 보고
(1965년 1월 8일)

문건번호: MNL, XIX-J-1-j Korea, 1965, 73. doboz, IV-100, 001819/1965.

1964년 12월 중순에 모스크바에서 돌아온 모스코브스키(Moskovsky) 동지가 코시킨 총리 동지와 11월을 경축하기 위하여 모스크바를 방문한 조선로동당 및 정부 대표단과의 회담에 관하여 다음과 같이 언급했다.

코시킨(Kosygin) 동지가 참석한 회의에서, 대표단 단장인 김일은 다음과 같은 명백한 부당함을 소련에게 항의했다고 한다.

첫째, 김일은 다음과 같이 말했다고 한다. "북조선 지도자들은 소련 당과 정부를 불신하고 있으며, 소련 정부가 '조소 우호협력 및 상호원조 조약에 명시된 북조선 방위와 연계된 의무를 준수할 것인지를 믿을 수 없다. 그러므로 북조선은 70만 명의 군과 20만 명의 경찰력을 유지할 수밖에 없다. 따라서 대규모 군사력을 유지하기 위해 경제 분야에서 유용된 막대한 예산이 배정되고 있으며, 그래서 많은 예산을 농업과 산업에 투자할 수 없었다. 따라서 지난 2년간 농업과 산업 분야에 별다른 진전이 없었다."

코시킨 동지가 불신의 원인에 대해 김일에게 물었다고 한다. "소련은 캐러비안 위기(역주: 쿠바미사일 위기) 당시 쿠바를 배신했으며, 또한 그 이후 베트남을 배신했다. 통킹만 사건의 경우도 사건 발생 후 8일이 지나

서야 비로소 소련은 북베트남을 지지하는 성명을 발표했다"라고 김일은 인식하고 있었다고 한다.

이에 관하여 코시킨은 다음과 같이 대답했다고 한다. 그(코시킨)는 북조선 지도자들이 어떻게 그렇게 정보에 무지할 수 있는지를 이해할 수 없고, 소련이 쿠바의 독립과 자유를 위해 얼마나 많은 노력을 기울였는지에 관해 북조선 지도자들은 아무런 생각도 없다고 지적했다고 한다. 캐러비안 위기 시 소련의 모든 상선대(merchant fleet)와 수 척의 군함을 동원하여 쿠바로 물자를 수송하기 위해 전력을 다했고, 소련은 쿠바가 필요로 하는 모든 것을 수송해줬다고 언급했다고 한다. 캐러비안 위기 이전에 쿠바는 완전 무장한 미 제국주의를 비무장으로 마주하고 있었다. 알려진 미사일들뿐만 아니라 소련은 최신예 항공기, 전술 미사일과 여러 군사장비를 포함한 현대식 무기를 쿠바에 제공했으며, 이러한 장비를 기반으로 쿠바는 현재 미 제국주의의 압제에 효과적으로 저항할 수 있다고 했다. 그(코시킨)는 어떤 종류의 항공기, 탱크 등이 얼마나 쿠바에 원조 명목으로 제공되었는지를 자세하게 설명했다고 한다. 그리고 캐러비안 위기 시 미국과 직면하여 전쟁이 일어날 상황과 마주한 것은 북조선이나 중국이 아닌 소련이었다고 첨언했다고 한다.

코시킨의 언급은 계속되었다고 한다. 첫째, 통킹만 사건에 대해서 소련은 북조선이나 중국이 소련보다 베트남에 가깝고 조선인민군이나 중국인민해방군이 미국의 공격으로부터 베트남을 보호하기에 충분하다는 생각을 했었다고 언급했다. 둘째, 북조선 지도자들이 다시 한 번 정보 부족을 드러낸 대목인데, 이는 통킹만 사건 직후 북베트남의 요청에 의한 소련 지도자들의 베트남의 상황에의 각별한 주의와 효율적인 현대식 무기를 즉각적으로 제공해야 한다는 결정을 북조선 지도자들은 모르고 있다는 것이었다. 그는 이러한 결정에 따라 베트남으로의 적정량의 다양한 군사

장비 수송에 착수했으나, 중국 정부는 중국의 영공이나 철도를 통한 수송에 불만을 드러냈다고 말했다고 한다. 그가 아는 한 철도를 이용한 장비는 운송 중이지만, 항공수송을 통한 장비는 이미 베트남에 도착했다고 코시킨은 말했다고 한다. 또한 그는 최근 몇 주 동안 베트남으로 운반된 모든 것을 열거한 후 북조선 동지들이 정보 부족으로 아무 이유 없이 소련에 불신을 제기한 것에 유감이라 표현했다고 한다.

김일은 소련이 아시아와 아프리카에서 민중해방투쟁을 지원하지 않았다고 생각했다고 한다. 이에 대해 코시킨은 김일에게 아프리카의 자유 전사들이 소련제 무기로 무장하지 않았냐고, 또한 아프리카로 무기를 보낸 것이 소련 및 체코슬로바키아와 다른 사회주의 국가들이 아니냐고 물었다고 한다.

둘째, 김일은 또한 1956년에 소련공산당이 조선로동당 최고지도자들에 대해 음모를 모의한 것을 지적했다. 소련공산당 최고회의 의장 미코얀(Mikoyan)과 중국인민해방군 사령관 펑더화이(彭德懷)가 이러한 목적으로 평양을 방문한 것, 그리고 조선로동당 지도자들에 대한 행동을 계획한 것이 당시 소련 대사였던 이바노프(Ivanov)였다는 점 등의 부당함을 지적했다.

코시킨은 김일의 언급은 근거가 없고 사실과 부합하지 않는다며 부인했다고 한다. 그리고 김일에게 소련이 1956년 이후에도 북조선에 우호를 보여주지 않았냐고 물었고, 소련이 북조선 지원을 우선했을 당시 이러한 지원이 북조선의 경제 재건과 새로운 산업 분야 형성에 기여했다는 것을 언급했다고 한다.

셋째, 마지막으로 김일은 소련공산당 지도자들과 소련정부가 북조선이

자력갱생을 선전하고 있기 때문에 조선로동당 지도자들을 국수주의자로 낙인찍었던 것에 대해서도 이의를 제기했다고 한다. 김일의 관점에서 자력갱생은 북조선이 취한 올바른 입장이며 그러한 방식으로 현지 북조선의 상황을 최대로 이용하여 경제를 발전시키는 것이었다고 한다.

공식적으로 소련정부는 조선로동당 지도자들을 국수주의자로 비난하지 않았고, 만약 그랬다면 그들(조선로동당 지도자)이 코시킨과 면식이 있고 그가 두 번이나 북조선을 방문한 상황에서 방문 당시 그를 북조선의 적이라고 칭했을 것이 아니냐고 코시킨이 대답했다고 한다. 사실 프라우다(Pravda)지가 이와 관련된 것을 기사화 했으나, 현재 코시킨은 소련의 대표로서 북조선대표단과 협상 중이었다(역주: 조선로동당 지도자들을 국수주의자로 비난했다면 북한에서 코시킨 방문 시 그를 비난했을 것이고, 코시킨이 북조선대표단과 협상 테이블에 배석조차도 못했을 것이라는 코시킨의 대답). 코시킨의 견해는 현대기술의 표준을 고려한다면 자력갱생과 경제적 고립주의라는 개념은 한 국가의 발전을 정체시킨다는 것이었다고 한다. 그러한 경제정책은 실제로 국수주의적 경향을 보이며, 만약 조선로동당 지도자들이 좀 더 이성적인 경제정책을 편다면 북조선이 현재 직면하고 있는 문제는 반으로 줄 것이라고 말했다고 한다.

소련과 다른 사회주의 국가 및 코메콘(COMECON)과의 단절을 목적하는 경제적 고립주의 정책으로는 결코 북조선의 경제발전을 촉진할 수 없다. 우리는 코메콘에 여전히 해결되어야 할 문제점이 있다는 것을 굳이 숨기지 않으며, 우리는 그것들을 풀어나갈 것이다. 그러나 이 기구가 신생조직인 것을 고려해야만 한다. 그럼에도 불구하고 사회주의 국가들과의 경제적 협력이 내포한, 그리고 각국의 상황을 좀 더 잘 이용하기 위한 각국의 공동 노력이 주는 유용성이 실제로―소련에서도― 증명됐다는 것을 생각해야만 한다. 소련 인민은 북조선이 소련 및 다른 사회주의 국가들과 좀 더 서둘러 경제협력을 추진한다면 북조선의 경제성장 속도와 사회주의 건설이 좀 더 빨라질 것이라고 확신한다.

코시킨 앞에서 대표단 일원인 김창남이 코시킨과의 나눈 대화로 북조선 지도자들이 한숨을 돌리게 됐다고 언급했다.

이에 나는 새해 인사차 소련공산당과 정부 지도자들을 방문한 김일성을 모스코브스키가 동지가 예방한 것에 대해 생각하고자 한다. 대화 중 소련대사가 국제 공산주의 운동의 현 상황과 1965년 소련과 북조선의 관계 발전에 관한 김일성의 생각을 물었다고 한다.

김일성은 질문에 다음과 같이 대답했다. 그는 비우호적이고 악화될 소지가 농후한 소련공산당과 일본공산당 사이의 관계발전을 이해할 수 없다고 했다. 그는 소련공산당 지도자들이 다음 질문에 대한 대답을 해주기 원했다. (소련공산당과 일본공산당 사이의) 불화의 원인이 무엇이고 이러한 부조화를 어떻게 설명할 것인가? 모스코브스키 동지는 김일성의 질문을 소련공산당에 부칠 것을 약속했다. 김일성은 반복적으로 그의 질문에 답을 줄 것을 채근하면서 다음과 같이 말했다.

오직 중국공산당과의 논란을 수습함으로써만 국제 공산주의 운동의 일치를 회복할 수 있다. 그러한 후에 소련공산당과 조선로동당 사이의 의견차이는 유의미하지 않기 때문에 양측의 관계개선은 쉬울 것이다. 다른 방법으로 김일성은 1960년 모스크바 선언 4주년 당시 출간된 기사(혹은 조항)에서 조선로동당의 입장을 자세하게 설명했다.

김일성은 흐루시초프(Khrushchev)는 상당한 야심가이며, 그는 거대당의 지도자로서 그의 의지를 약소 공산당에 관철시키려 한다고 말했다. 조선로동당 지도자들은 독립적인 정책을 추구하며, 흐루시초프의 이러한 압력에도 불구하고 독립적인 정책을 포기하지 않았다. 비록 북조선이 약소국이지만 북조선 지도자들은 다른 누구보다 그들이 선택해야 할 정치 노선뿐만 아니라 혁명노선에서 어떻게 북조선인민을 이끌어야 할지 잘 안다고 김일성이 언급했다.

김일성은 분쟁 중인 문제들 중 중국공산당과의 문제를 우선적으로 해결해야 한다고 반복적으로 강조했고, 그 후 조선로동당과의 문제와 같은 것들은 쉽게 해결될 것이라고 말했다. 모스코브스키가 김일성에게 소련공산당이 중국공산당에 도의상(혹은 원칙에 입각해) 양보를 해야 할 것인지 물었다. 김일성은 그 질문에 대한 언급은 하지 않았으며 대신 그의 관점에서 무엇보다도 중국과의 문제를 우선적으로 해결해야 한다고 말했다.

꼬바치 요제프(Kovács József) 대사

북조선 주재 헝가리 대사관에서 외교부로 보낸 보고

(1965년 2월 6일)

문건번호: MNL, XIX-J-1-j Korea, 1965, 73. doboz, IV-103, 001823/1965.

[…]

현재 소련 기술자들이 북조선에서 몇몇 프로젝트(평양 화력발전소, 실험용 원자로 등등)에 종사하고 있다. 최근 몇 개월간 그들에 대한 [북조선]의 태도는 긍정적으로 변하고 있다.

[…]

꼬바치 요제프(Kovács József) 대사

소련 대사와의 대화

(1965년 2월 19일)

:꼬바치 요제프 대사와 모스코브스키의 대화.

1965년 2월 19일(상당 부분 축약됨). 평양주재 헝가리 대사에 의해서 작성된 본 문건은 소련 대사 모스코브스키(Moskovsky)와 다른 공산권 국가 대사들 사이의 대화에 기반하고 있음. 모스코브스키는 다른 국가의 대사들에게도 코시킨 총리의 북조선 방문을 통보해주었다.

2월 7일, 외교부 부부장 김영남은 모스코브스키 대사에게 다음과 같이 말했다고 한다. 김일성이 베트남에서 베트남로동당 지도자들과 협상하고 있는 코시킨에게 북조선 방문에 관심이 있는지 의견을 구했다고 한다. 2월 8일, 모스코브스키는 소련대표단이 북조선을 방문하기를 희망한다고 김영남에게 회신했고, 북조선은 코시킨을 공식 초청했다. 2월 11일, 소련대표단은 북조선에 도착했고 2월 12일에 김일성과 회담을 했다고 한다. 코시킨은 소련은 북조선과 협력을 모색할 준비가 됐다고 말했다고 한다. 코시킨은 미국과의 투쟁중인 북베트남에 원조를 해야 한다고 강조했다. 또한 코시킨은 소련은 농업에 문제가 있고 여전히 식량을 수입해야 한다고 허심탄회하게 말했다고 한다. 그는 이러한 문제는 흐루시초프의 정책 때문이라고 지적했다고 한다. 코시킨이 바르샤바조약기구의 정치자문회의(Political Consultative Council)의 마지막 회의를 설명했다고 한다. 이때 김일성은 알바니아가 그 회의에 초대되었는지를 물었다고 한다. 코시킨은 알바니아가 정치자문회의에 초대되었으나 정치자문회의에 상정도 되지 못할 정도로 모욕적인 대답을 했다고 언급했다. 코시킨은 또한 총참모부(역주: 아마도 바르샤바 조약기구 내의 합동참모부) 설치와 비동맹을 찬성했던 루마니아 대표단의 태도도 비판했다. 코시킨은 흐루시초프의 실각 이전에 소련공산당 지도부의 정책이 다소 주관적이었다는 것을 인정했다. 김일성은 "우리는 당시 흐루시초프가 독일민주공화국을 서독에 팔 것이라고 생각했다"고 발언했다. 코시킨은 흐루시초프의 실각이 소련과 조선의 협력을 가능하게 했다고 강조했으나 소련 정책에 대한 북조선의 초기 비판은 중국의 입장과 유사했었다고 언급했다. 김일성은 조선공산당은 자신만의 정치노선을 가지고 있으며 '온당치 않은' 중국노선과 역시 '온당치 않은' 소련 노선 때문에 아무것도 할 것이 없다고 대답했다.

그리고 나서 김일성은 김일의 모스크바 방문 이후 소련이 조선로동당을 어떻게 생각하는지 물었다. 코시킨은 소련공산당과 조선로동당 사이에 의견 차이가 있으나 이는 "소련 측의 잘못은 아니"며, 이제 서로 협력할 길을 모색해야만 한다고 언급했다. "당신은 제국주의와 협상을 했다고 우리를 비난했다"라고 코시킨이 지적했다. 김일성은 "흐루시초프는 아이젠하워를 찬양했다"고 대응했다. 코시킨은 단발적인 발언을 과대하게 강조해서는 안 되며, 더구나 소련 측은 흐루시초프의 문제점을 토론하기 위해 북조선에 온 것이 아니라고 말했다. 코시킨은 비행기, 탱크, 미사일별로 일일이 나열하며 쿠바와 인도네시아 및 그 밖의 개발도상국들에게 제공했던 소련의 군사원조를 설명했다. 그는 소련에서 훈련받은 제3세계의 게릴라 수도 열거했다. "이러한 데이터를 언론에 올릴 수 있겠습니까?"라고 코시킨이 김일성에게 물었다. 김일성이 불가능하다고 대답했다. 이에 코시킨은 "당신은 우리가 제국주의와 싸우지 않는다고 비난했다"라고 언급하면서, 북조선은 반제국주의 투쟁을 어떤 식으로 지원하는지 김일성

에게 물었다. 김일성은 "우리는 전국적으로 규탄대회를 열고 언론에서 제
국주의를 규탄한다"라고 대답했다. 코시킨은 "소련과 북조선의 반제국주
의 지원 중 어떤 것이 보다 효과적인가"라고 물었다. 김일성이 대답하지
못하자 코시킨은 "캐러비안 위기 시 소련의 지원 역시 규탄대회로만 한정
됐다면 쿠바엔 어떤 일이 일어났을까?"라고 김일성에게 물었다.

그는 또한 마오쩌둥과의 회담을 김일성에게 알려줬다. 코시킨은 마오
쩌둥에게 4척의 미국 전투함이 계속해서 북베트남을 위협 중이라고 언급
하면서 다음과 같이 제안했다. "미 군함을 격침시키면 소련은 중국의 손
실을 보상해주기 위해 현대식 잠수함을 중국에게 무상으로 제공할 것이
다." 마오쩌둥은 이러한 제안에 어떠한 반응도 하지 않고, 그 대신 중국
역사에 대해 말하기 시작했다. 북조선 측에서 이 이야기를 들었을 때 신
경질적인 반응이 역력했다고 한다. 모스코브스키는 국제적 상황에 대해
놀라울 정도로 김일성이 무지하다고 언급했다.

김일성은 남베트남에 대해서 알지 못하며 남조선이 미국으로부터 새로
운 무기를 입수한 것에 관한 정확한 정보를 김일성에게 제공한 것이 바로
코시킨이라고 말했다. 2월 13일에 김일성은 북조선 경제에 많은 문제가
있다는 것을 시인하면서 북조선의 경제상황을 설명했다. 또한 남조선의
육군이 조선인민군보다 나은 장비를 보유하고 있다는 것도 언급했다. 북
조선이 대체적으로 남조선보다는 적을 격퇴하는 데 있어 잘 준비되어 있
지만, 대공방어는 북조선이 취약하다고 언급했다. 통킹만 사건으로 북조
선은 특히 그들의 대공방어 시스템이 가진 약점을 인식하게 되었고, 해안
방어를 위해 현대식 무기 또한 필요하다고 언급했다. 북조선은 미사일이
필요하나 부채 상황이 심각하기 때문에 미사일을 구입할 여유는 없다고
말했다. 코시킨은 조선인민군에 미사일을 제공해줄 것을 약속했다. 더불
어 장비 운용을 위해 소련 측이 조선인민군을 훈련시킬 수는 있으나, 전

문가를 북조선에 파견해 장비를 운용하는 것은 원치 않는다고 첨언했다. 김일성과 코시킨은 공산당 상호간의 문제에 대해 토론했다. 김일성은 소련공산당이 일본공산당 내부문제에 간섭하는 것을 비난했다. 즉 친소적 입장을 견지하고 있으며 최근 일본공산당에서 축출된 시가파(志賀派, Shiga)를 지원하지 말아야 한다는 것이었다.

북조선 주재 헝가리 대사관에서 외교부로 보낸 보고

(1965년 4월 5일)

문건번호: MNL, XIX-J-1-j Korea, 1965, 73. doboz, IV-162, OO2721/1965.

[…] 3월 30일, **남포의 전기통신 공장에서** [원문에서 강조] 우호회의 개최 […].

북조선외교부에서 헝가리 담당 관료인 임광종(혹은 임광정, Lim Gwang-jong)이 다소 도발적인 방식으로 분위기를 망치려 했으나, 전반적으로 우호적인 분위기 아래 남포에서 저녁만찬이 개최됐다. 문화 관련 프로그램이 진행되는 동안 그는 산도르 에뜨레(Sandor Etre) 동지에게 "이 나라에서 문화는 일과 관련되어 있고 일에 공헌하며, 우리는 다양한 부패한 경향과 집단이 느껴지는 공연을 참을 수 없다"는 것과 이와 관련된 일들에 대하여 이미 단호하게 말했다. 저녁식사 동안 임광종은 날카로운 어조로 베트남 문제를 제기했다. "대사 동지, 우리가 얼마나 열심히 베트남 인민을 지원하는지 아십니까?", "헝가리에서는 지원군을 보냈습니까?" 등에 대하여 그가 물었다. 그전에, 우리 헝가리 측에서 제국주의자적 속성을 이용하지 않으려는 것처럼 보이는 것에 대해 첨언하며, 그는 헝가리 언론이 남조선과 관련해 '미국 점령군'에 대해 썼던 것에 비탄해 하고 있었다. 나는 임광종에게 만약 우리와 논쟁하기를 희망한다면 어떤 문제라도 토론할 수 있는 대사관에서 토론하는 것은 환영하지만, 나는 지금 우리(헝가리와 북조선)의 우호를 강화하기 위해 남포에 온 것이라고 짧게 말했다. 공장 책임자(factory director)는 임광종에게 조용히 하라고 말하면서 그를 질책했다.

[…]

꼬바치 요제프(Kovács József) 대사

문건: 이일경

(1965년 4월 22일)

1965년 4월 22일. 1950년대 소련공산당 당교에 유학했던 국내파 공산주의자인 무역부 부장 이일경이 소련 및 동유럽 국가들과의 오랜 협상 끝에 1964년 4월 교체됐다. 북조선은 비철금속 보다는 조잡한 공산품을 소련과 동유럽국가들에 수출하려 시도했으나 실패했고, 또한 수입하려던 물품 전부를 수입하지 못했다. 이러한 실패에 대한 책임이 이일경에게 돌려졌다. 그는 철직과 함께 체포되어 재판정에 세워졌으며 사형이 언도되었다. 1964년 봄 사형이 집행됐다. 그의 아내와 자식들은 평양에서 추방되었고 그의 형제들은 광산으로 보내졌다. 소련은 이일경을 진정한 공산주의자로 평가했다.

문건: 조선인민군
(1965년 5월 15일)

1965년 5월 15일. 헝가리 대사 꼬바치 요제프에 의해 준비됨.

5월 12일 판문점에서 헝가리 대사가 중립국 감독위원회 체코슬로바키아 측 대표인 보스키(L. Borski) 대령을 만났다. 꼬바치(Kovács)가 조선인민군에 대해 보스키에게 질문을 했다. 이에 대하여 최근 조선인민군의 소규모 훈련을 참관한 보스키는 조선인민군의 장비가 15년에서 20년 정도 낙후되어 있다고 설명했다. 조선전쟁 당시부터 (조선인민군이 수리하여) 사용하는 T-34 탱크는 비참해 보일 지경이었고, 더욱이 훈련 중 1/2 미만의 탱크만이 목표지점에 도달했고 나머지는 중간에 고장났다고 보스키는 말했다. 보스키의 의견은 그러한 탱크로는 서울에도 못 갈 것이라는 것이었다. 병사들은 소총과 기관단총으로 잘 무장되어 있었지만, 조선인민군의 대포(포병) 역시 탱크와 비슷하게 구식이었다고 말했다.

북조선 주재 헝가리 대사관에서 외교부로 보낸 보고

(1965년 4월 28일)

문건번호: MNL, XIX-J-1-j Korea, 1965, 73. doboz, IV-50, 001822/1/1965.

최근 북조선 주재 루마니아 2등 서기관인 이오네스쿠(Ionescu) 동지가 부대사 펜들레르 까로이(Fendler Károly)에게 북조선의 경제 상황에 관해 그가 수집한 다음과 같은 정보를 제공했다.

베트남 상황을 고려하여 북조선 지도부와 당은 중앙통계국에 전시 경제로의 전환과 동시에 민간 수요를 충족시킬 수 있는 가능성과 관련해 경제적 능력을 평가하라고 지침을 하달했다. 이러한 지침을 수행하던 도중, 당중앙은 어디에도 쓰지 못할 자료를 받았고, 결국 최고 지도부가 실제 경제력과 상황을 인식할 수 없다는 것이 증명되었다. 이후, 각 구역의 산업 능력과 상황을 정부와 정치국 위원들이 개인적으로 조사하는 새로운 방법이 시행되었다.

개인적으로 경제상황을 조사하는 정부와 정치국 국원들의 참여로 새로운 조사가 시행되었다. 그럼에도 불구하고 최고지도부는 경제 상황과 능력 등에 대해 전반적으로 납득할 만한 밑그림을 얻는 데 실패했다. 통계 데이터는 신뢰할 수 없고 공식적으로 이용하기 위해 언론에 공표된 데이터 대부분은 현실적이지 않다. 일부 의견에 의하면 이러한 결과가 나온 이유는 부분적으로 통계국이 중앙계획국의 업무 일부를 계속했고 중앙계획국이 "마치 자기 부서의 업적인 것처럼" 통계국의 성과를 조사하고 수

정했기 때문이다.[…]

최근 이오네스쿠 동지는 북조선의 경제담당 부서의 관료들과 대화를 했다. 이때, 북조선 측은 "우리 삶의 질이 다른 사회주의 국가들보다 상당 정도 뒤쳐져 있다는 것을 알고 있으나 사회주의 국가들의 삶의 질과 견주지 않을 어떠한 이유도 없다. 최근 우리는 국가 경제 정상화를 목표로 하는 몇몇 조치를 취했으나 효과가 없었다. 적당한 중견 관료들이 없는 것이 심각한 문제이나 가장 어려운 문제를 만들고 있는 것은 우리의 관습이다!"라고 했다.

또한 북조선 언론을 통해 분석하는 것이지만, 생산 증대를 위해 취해졌던 지난 5개월 간의 몇몇 정치 운동("우리의 남조선 동포를 돕자!" 등등)은 실제로 실패로 끝났다. 일부 지적에 의하면 상층부에서 정치적 인센티브 혹은 물질적 인센티브에 중점을 두어야 할지 말아야 할지를 생각하고 있는 중이라고 했다. 예를 들어, 우리가 이용 가능한 정보에 따르면 최근 어느 정도 물질적 이익을 얻게 하는 방식으로 농업 생산량을 증대하기 위한 조치가 취해졌다. 협동농장에 공동경작을 위한 상당량의 토지가 주어졌고, 조합원들은 생산물을 서로 분배했다. 토지 이용에 있어 토지의 크기에 따라 일정 수의 가금류, 돼지 등을 토지 획득의 대가로 국가에 지불해야만 한다.

전해지는 바에 의하면 최근 몇 개월 동안 1인 경영이 20개 사업과 공장에 도입되었으나(소위 대안법에 따르면 공장을 지도하는 것은 당 위원회이다), 책임자들이 미래에 어떤 것들이 있을지 두려워했기 때문에 효과가 없었다고 한다.

어느 모로 보나 조선인민군이 경제 생활에서 상당한 역할을 하고 있다.

최근 몇 년간 강제적으로 시행된 방위 계획을 근간으로 하여, 최고의 기술 관료들이 군으로 이전되었고 산업계는 방위계획에 필요한 물품을 우선적으로 생산하고 있다(다양한 철, 건축 자재 등등).

아마도 기술자들은 기꺼이 군으로 가는데, 이는 군에서는 정치교육을 받을 필요가 없기 때문이고(혹은 적어도 일반 시민들이 받는 만큼은 아니기 때문에), 더욱이 군에서는 직업 훈련이나 직업 개선을 위한 기회가 주어지기 때문이다. 반면에 공장에 소속된 기술부서의 장이나 기술자는 매일 10~12시간 일을 하고 저녁에 사상교육 모임에 참석해서 회의 등을 하고 한밤에 퇴근하고 새벽에 일어난다. […]

다양한 출처에서 획득한 정보에 의하면 거대화된 당 조직과 국가 조직 때문에 나타난 [문제]를 해결하기 위하여 최근 몇 달간 [조선로동당 지도부]는 대규모 직원 감축을 단행할 것을 결정했다. 그들의 생각은 조직 감축 대상자들을 한 직위 강등시키거나 육체노동 쪽으로 전보시키는 것이다. 지금까지 보건부, 문화부의 고등 교육 담당 부서들에서 이미 인원감축이 단행되기 시작했다. 그리고 올해 대학 정원도 이미 감축됐다(현재 20만 4천여 명의 학생이 94개 대학교에 재학 중이다). 이오네스쿠(Isonescu) 동지의 정보에 따르면 현재 준비 중인 교육개혁 계획이 있고 아마도 2년 후에 단행될 듯하다.

[…]

꼬바치 요제프(Kovács József) 대사

베트남민주공화국과 조선인민군

(1965년 5월 26일)

1965년 5월 26일. 헝가리 대사관이 5월 20일에 주최한 칵테일 파티에서 외교부 부부장 김영남이 꼬바치 요제프 대사에게 전쟁의 결과를 결정하는 것은 현대 군사기술이 아니라 대중의 정치적 열광이라고 말했다. 김영남은 베트남전의 사례를 인용했다. 이에 대해 꼬바치는 만약 베트남민주공화국에 현대식 무기가 있었다면, 미국의 침략을 더 잘 막아냈을 것이라고 지적했다. 김영남은 그 언급에 대답하지 못했다. 그러나 그는 북조선의 정책에 대해 '바른 견해'를 형성해야 한다고 언급했다.

5월 19일에 헝가리 외교관이 북조선 외교부 관료들을 위한 저녁 만찬을 개최했다. 관료들 중 안민수(헝가리주재 북조선대사관 2등 서기관)는 줄곧 친근한 태도를 보였던 반면, 헝가리 측에 잘 알려지지 않은 국장급(departmental head)의 중견인사는 '도움 없이도 번영하는 우리의 정책을 비방하는 어떤 사람'에 관해 다수의 도발적인 언사를 행사했다(체코슬로바키아 파티에서처럼 이러한 도발적 언급은 다른 외교관들의 파티에서도 행해졌다). 안민수는 국장급 인사의 행동에 적잖이 당황하면서도 계속해서 침묵했다.

5월 26일, 헝가리 외교관은 북조선 스포츠선수들과 언론인을 위한 파티를 개최했다. 초대받은 인사들 중 조선인민군 소속 언론인이 헝가리 외교관과 제3자 참석 없이 단독으로 대담했다. 모든 사회주의 국가들이 진심을 다해 북베트남을 지원해야 하며 어떠한 구실로도 지원을 간섭해서는 안 된다는 그의 뜻을 분명히 했다. 그는 베트남에서 중소협력을 촉구했던 소련의 제안을 거부한 중국을 인용했다. 그의 발언은 "나는 외교관이 아니라 군인이며, 내가 생각하는 것을 말하고, 나의 의견을 공공장소에 분명히 할 수 있다"라는 선까지 진행됐다.

대체적으로 지난 5~6개월 간 헝가리 대사관이 주최한 파티에 북조선인사들이 예전보다는 자주 참석했다.

문건: 김일성과 쿠바와의 인터뷰

(1965년 7월 22일)

1965년 7월 22일. 베이징으로 파견된 헝가리 외교관이 쿠바 대사관 2등 서기관과 대화를 했다. 쿠바 2등 서기관에 따르면, 7월 초 김일성이 평양에서 쿠바 언론인들과 두 차례의 인터뷰를 가졌다.

김일성과의 첫 번째 인터뷰는 쿠바 당지도부만을 위한 인터뷰였기 때문에 공개되지 않았다(Note: 이 인터뷰는 쿠바와 중국 사이에 격렬한 논쟁 직후이다).

김일성은 '어떤 사람'이 소련을 비난하는 것과 소련이 '어떤 사람'을 비난하는 것은 유익하지 않은 일이라고 언급했다. 1965년 3월에 모스크바에서 열린 국제회의에 북조선이 참석하지는 않았지만(중국 역시 참석하지 않았다), 회의의 결의에는 동조했다. 평양은 만약 모든 공산당들이 다음 공산당 회의에 참여한다면 유용할 것이라는 사실을 '어떤 사람'과 상의했었다. 김일성은 북조선을 방문한 북베트남 대표단에 소련과 동유럽에서 제공한 원조가 충분했는지 여부를 물었고, 이야기를 계속했다. 대표단은 요구했던 것보다 더 많은 원조가 있었다고 대답했다. 소련이 북베트남에 충분한 원조를 했다는 것이 김일성의 의견이었다. 그는 쿠바 언론인들에게 "어떤 문제에서는 중국이 옳고, 이 경우 우리는 중국을 지지하지만 많은 문제들에 있어 중국이 맞지는 않다"라고 말했다. 김일성은 쿠바-중국 관계에 산적한 문제들이 있다는 것을 이해하고 있다고 말했으며, 중조관계 또한 문제점이 있다고 언급했다. 쿠바 2등 서기관은 최근에 라울 카스트로(Raul Castro)가 제국주의는 종이호랑이가 아니며, 과소평가해서는 안 될 강한 적이라고 강조했다고 말했다.

중국 주재 헝가리 대사관에서 외교부로 보낸 보고

(1965년 7월 26일)

문건번호: MNL, XIX-J-1-j China, 1965, 72. doboz, 1, 002649/3/1965.

쿠바대사관 3등 서기관인 코닐 동지에게 지난 7월 평양에서 있었던 김일성과 쿠바 언론인 사이의 간담회에 관한 정보를 요청했다. 코닐 동지는 즉시 유하스(Juhasz) 동지에게 다음날 정보를 제공했다(7월 22일).

[…] 그는 두 번의 인터뷰가 있었다고 말했다. 그 중 하나는 김일성의 쿠바당에 관한 인터뷰였기 때문에 공개되지 않았다. 베이징에서 이 인터뷰의 특정 내용은 오직 두 명의 쿠바 외교관에게만 알려졌고 코닐에게서 제공된 정보는 우리와 우리 당을 위한 비공식적인 정보로 간주될 것이다.

김일성은 쿠바 언론인들에게 그가 쿠바공산당의 정치와 노선에 전적으로 동의한다고 명확하게 말했다(쿠바 측에서 반복적이고 명확하게 그들의 견지를 표현한 후에 김일성이 이를 말했다는 것이 중요하다). 김일성은 '어떤 사람들(예를 들어 중국)'이 소련을 공격하고 소련 역시 '어떤 사람들'에 대해 반격하는 것은 유감스럽고 유해한 일이라고 생각했다. 비록 조선로동당이 3월 모스크바에서 있었던 회의에 참석하지는 않았지만, 그는 회의의 결의와 결론이 적절했다고 생각했다. 조선로동당은 만약 모든 공산주의 국가들의 당이 앞으로 공산·로동당 회의에 참석한다면 좋을 것이라고 이미 '어떤 사람들'과 협의를 했다.

베트남 문제와 관련해 김일성은 그가 북조선을 방문한 북베트남 대표단에게 소련과 다른 유럽 공산국가로부터 받았던 지원이 충분했는지에 대해 질의했었다고 말했다. 북베트남 측은 실제 지원이 그들이 원했던 것보다 더 많았다고 대답했다. 김일성은 그가 소련이 조선전쟁 동안 북조선에 지원했던 것보다 더 많은 것을, 비록 당시 지원을 낮게 평가하는 것은 아니지만, 북베트남에 충분히 지원을 했을 거라 생각한다고 첨언했다.

[…] 코닐 동지는 동독 대사관 관료에게 김일성이 쿠바 언론인들에게 "중국 동지들이 몇몇 문제에서는 옳고 우리는 그들을 지지하지만 다른 몇몇 이슈에서는 그들이 옳지 않으며 우리는 이런 이슈들에서 그들이 견해를 수정하기를 희망한다"라고 말했다는 것을 알려줬다. 동독 동지의 전언에 따르면 코닐이 또한 그에게 김일성이 중조관계 또한 어려움이 있다고 언급하면서 중국-쿠바 관계에서 발생한 문제점들을 이해한다고 했다는 것을 알렸다.

[…] 코닐 동지는 쿠바의 관점에서 제국주의는 **종이호랑이** [원문에서 강조가 아니라 과소평가되지 말아야 할 강력한 적이라고 간략히 언급했다 (이는 최근에 쿠바공산당 중앙위원회 멤버인 라울 카스트로(Raul Castro)에 의해서도 소상히 설명되었다).

[…]

[서명] (대사)

북조선 주재 헝가리 대사관에서 외교부로 보낸 보고

첨부 I : '혁명적 문학과 예술의 창조를 위하여', 문학·예술 분야
간부들에게 11월 7일 김일성의 연설에서 발췌 (1966년 1월 26일)

문건번호: MNL, XIX-J-1-j Korea, 1966, 74. doboz, IV-71, 001500/1966.

[…]

"많은 성공 외에도 문학과 예술 분야에서 중요한 결점들이 존재한다: 문학작품들과 예술작품들은 남조선 인민들의 인생과 투쟁을 거의 다루지 않는다"라고 김정일이 말했다. 그래서 […] 다음과 같은 임무를 설정했다: 1) 남조선에서 수행되는 정치적 활동들이 증대되어야 한다. 2) 남조선인민들의 삶과 투쟁에 북조선 인민들이 좀 더 주목해야 하며 남조선해방을 목표로 하는 정치적 선전과 교육 활동이 계속되어야 한다.

[…]

김일성의 몇몇 경험을 소개하면서 다음과 같이 말했다. 우리는 지주나 자본가가 누구인지를 경험해보지 못했던 젊은 세대와 함께 혁명을 할 수 없다. 우리 군 대부분의 중대급 지휘관들은 전투로 단련되었을 지라도 1등 중사들은 전쟁을 경험해보지 못했다. 그러므로 우리군의 간부 구성은 이미 변화해왔다. 중대장들, 대대장들, 연대장들과 그에 해당하는 서열의 간부들은 [경험을 통해] 고난과 투쟁을 알고 있다. *우리 간부들이 너무 늙기 전에 우리 조국의 통일을 달성해야만 한다* [원문에서 강조]. 결코 통일의 임무를 후세에 물려줘서는 안 된다. 만약 우리 세대에 통일이 되지 않

는다면, 통일은 점점 더 어려워질 것이다. 우리가 젊은 세대를 적절히 교육시키지 않는다면 통일은 더 시간이 걸릴 것이고 사회주의 건설 또한 더 어려워질 것이다.

[…] 최종적으로 김일성은 배우, 작가, 예술가들이 평양에서뿐만 아니라 시골에서도 활동하고 강연하며, 농민계층의 삶에 친숙해지고, 초가집 방문 등의 활동을 해야 한다고 강조했다. 그렇지 않으면 "그들은 귀족적이고 관료적으로 변할 것이고 혁명을 촉진하지 않을 것이다. 더 나아가 혁명에 방해가 될 것이다."라고 말했다.

까더쉬 이슈뜨반(Kádas István) 대사

북조선 주재 헝가리 대사관에서 외교부로 보낸 보고

(1966년 2월 25일)

문건번호: MNL, XIX-J-1-j Korea, 1966, 74. doboz, IV-50, 001894/1966.

루마니아 대사대리 이오네스쿠(Ionescu) 동지가 북조선 동지들로부터 얻은 정보에 따르면, 작년에 전력 부족 때문에 1965년 산업 계획은 원래 계획됐던 연간 성장목표 20%의 85%밖에 달성되지 않았다.

예를 들어 루마니아에서 건설관(Tube) 공장을 건설해 주었던 강선지역의 제철소는 전력 부족으로 2달 동안 작업이 중단됐다. 그해 가동된 새로운 공장단지의 생산량을 고려하더라도 산업 생산량은 절대 1964년 수준을 넘지 못한다.

최근 몇 년간 상품 공급이 개선되지 않은 것을 고려하면 이러한 생산력 저하는 북조선 내에서의 긴장을 초래하고 있다. 인민들 사이에 무관심과 수동적 자세가 상당히 퍼지고 있으며, 심지어 중간 간부급 사이에서도 당정책에 대한 신뢰가 감소하고 있다. 이러한 상황에서 중앙위원회의 연장 회기가 1965년 11월에 개최됐다. 잘 알려진 대로 김일성이 지도하고 중요한 연설을 했던 10일 간의 당 열성자회의에 앞서 연장회기가 열린 것이었다.

중앙위원회 회기에서 [조선로동당 지도부]는 국방분야에 충당키로 한 18억 원을 삭감하기로 한 결의안을 통과시켰다. 그들은 군사적 목적으로 사용될 평양 지하철 건설을 원안대로 진행하지 않을 것이고 전국 차원의 산악 요새 및 벙커 건설도 감소시킬 것이다. 이러한 건설 프로젝트는 광산산업의 주요 기술 장비와 많은 기술 전문가들을 전용해왔고 광산산업 발전으로 전용될 모든 투자보다 많은 국가예산을 점유하고 있다.

당 지도부는 7개년 계획을 수행할 인력을 계도할 프로파간다를 수행하려고 했다. 그러나 1966년 계획에서 방위비를 경감시켜 경공업 투자를 늘리는 방식을 통해 1966년 계획을 준비할 것이다.

모두가 참석한 전원회의(중앙위원회 회의)에서 지금까지 인민의 수요를 맞춰왔던 산업에 적정한 예산배분이 이루어지지 않았다는 점이 지적되었는데, 이는 지역 원자재를 개발하여 공산품을 인민들에게 지급해왔던 지역산업에 관한 것이었다.

보다 집중된 경공업 발전의 긍정적 효과는 빠르면 올해 알 수 있을 것이며 다음해에는 상당한 상승 경향을 보일 것이다.

[당 지도자들은] 중앙위원회의 결정을 상세히 설명함으로써 대중 감정을 개선시킬 캠페인을 전개했고 중간 간부급의 신뢰를 개선시키고자 한다. 또한 공장 경영의 개선과 공장 감독관들의 지위 강화를 중요한 과업으로 인식하고 있다.

당 지도부는 외국 대학에서 유학했고 현재 관련 분야에서 일하고 있지 않은 사람들을 그들의 자질에 맞는 위치에 포진시키기 위해 찾고 있는 중이다. 또한 대학생들의 일반적 문화수준을 확인하고자 한다. 필수적 사전 교육이 부족한 학생들은 이러한 부족을 메우기 위해 2년 간의 시간이 주어질 것이다. 이러한 방안과 관련하여 학생의 직업적 능력과 자세가 주요 관심의 대상이다.

잘 알려진 바와 같이 현재까지 간부들은 결정적 고려 요소인 정치적 신뢰성 관점에서 전적으로 평가되어 왔다.

[…] 루마니아 대사대리에 의한 정보에 따르면 북조선 측의 요청으로 중국 대표단이 평양에 도착했고 [북조선] 채무 연기에 관하여 협상을 시작했다. 3개월 동안의 대화는 아무런 성과가 없었고 중국 측은 시간을 벌기 위하여 다양한 논점들을 제시했으나 채무 연장에 관해서는 동의하지 않았다. 그러나 11월 11일 공개된 중국 측의 제안이 사회주의 국가들의 비호의적 반응에 직면했다는 것이 알려지면서 중국 측 대표단은 하루 만에 북조선 측의 요청 모두를 수용했다. 즉 합의에 이르렀다.

[…]

꼬바치 요제프(Kovács József) 대사

메모, 헝가리 외교부

(1966년 5월 13일)

문건번호: MNL, XIX-J-1-j Korea, 1966, 74. doboz, IV-10, (.........)/1966.

[…]

소련의 경제원조의 틀에서, 소련의 계획을 기본으로 소련 전문가들의 지도 아래 북조선에서 원자로가 건설 중에 있다. 평양에 400 메가와트(MW) 화력발전소가 머지않아 개소할 것이다. 발전량이 가변적인 수력발전소와는 다르게 화력발전소가 지속적으로 전력을 공급한다는 것을 감안하면 평양의 화력발전소는 북조선경제에 상당히 중요하다.

[…]

거러이스끼 이슈뜨반(Garajszki István)

북조선 주재 헝가리 대사관에서 헝가리 외교부로 보낸 보고
(1966년 7월 11일)

문건번호: MNL, XIX-J-1-j Vietnam, 1966, 114. doboz, 1, 004068/1966.

얼마 전 동독 대사관 1등 서기관인 스트라우스(Strauss) 동지는 북베트남 공사·참사관 호앙 무오이(Hoang Muoi)와 오랜 시간 대화를 했고, 최근에 스트라우스가 펜들레르 까로이(Fendler Károly) 동지에게 대화에 관한 내용을 설명해 주었다.

[…]

또한 호앙 동지는 중국이 전력을 다해 베트남로동당에게 제 23차 소련 공산당 대회에 참석하지 못하도록 영향력을 행사했다고 말했다. 그러나 모든 사회주의 국가들과 북베트남의 관계를 개선시키고자 했기 때문에, 북베트남은 회의에 불참하는 것을 원하지 않았다. 그는 또한 중국과 북베트남 사이에 문제점이 있다고 부연했다. 무엇보다도 북베트남이 중화인민공화국 수상인 저우언라이(周恩來)의 대미관계와 관련한 4가지 점에서의 주장에 동조하지 않는 것이 가장 큰 쟁점이라고 말했다. 심지어 베트남에서는 저우언라이의 선언은 공개되지도 않았다. 호앙은 북조선 또한 북베트남의 의견을 지지했고, 앞서 언급된 저우언라이의 선언이 북조선에도 공개되지 않았다고 첨언했다.

[…]

대화가 진행되는 동안 호앙 동지는 북조선의 관점에 대해 언급했다. 그는 결국 북조선은 소련과 중국 모두와 좋은 관계를 가지기 위해 노력할 것이라고 생각했다. 이는 '두 강대국' 사이에 있는 북조선의 지정학적 위치로 인해 필수불가결한 것이다. 이러한 관점에서 북조선의 정치적 노선은 북베트남과 동일하나 내부적 상황은 상당히 다르다고 그는 설명했다.

북조선은 소련과의 관계뿐만 아니라 소련공산당과 조선로동당과의 관계 개선을 위해 노력하고 있는 중이다. 그러나 동시에 소련에 대한 강한 불신도 여전히 존재한다. 예를 들어 북조선은 소련과 일본의 관계 개선에 대해 매우 불만이 있다.

조선과 소련 관계에 관하여 호앙 동지는 여러 문제에도 불구하고 중국이 남조선에 강력한 정신적 영향력을 발휘했다라고 표현했다. 북조선의 관점을 고려하면서 그는 몽골당 회의에 북조선이 고위급으로 구성된 당 대표단을 참석시킨 것은 북조선이 동맹을 찾고 있다는 것을 나타낸다고 언급했다. 북조선은 어느 정도 고립되어 왔으며, 인도네시아를 잃었고 아프리카에도 주요한 기반이 부족하다. 라틴 아메리카에서 오직 쿠바와만 ―매우 강력한― 우호관계를 유지하고 있고 유럽에서는 루마니아와 관계를 유지하고 있다.

호앙 동지는 동독은 '큰 관료(그는 소련을 암시했다)'와 밀접한 관계이기 때문에 북조선의 동독과의 관계 개선은 매우 제한적 가능성만 존재한다고 그의 개인적 의견을 피력했다. 반면에 북조선은 작은 동맹을 찾고 있다고 말했다.

[…]

까더쉬 이슈뜨반(Kádas István) 대사

소련 주재 헝가리 대사관에서 외교부로 보낸 보고

(1966년 10월 20일)

문건번호: MNL, XIX-J-1-j Korea, 1966, 74. doboz, IV-250, 005007/1966.

우리 대사관의 관료인 꾀베쉬 언드라쉬(Köves András)가 소련외교부 극동국을 방문했고 남조선에서 가장 최근의 일들에 대한 [소련]의 평가에 관한 대화를 했다.

[...]

소련 동지들의 예비 평가에 따르면 조선로동당의 최근 회의에서 "예측 가능했던 긍정적 결과가 도출됐다. 현 상황에서 북조선 동지들에게 더 많은 것을 바랄 수는 없다"고 했다.

이러한 긍정적 결과는 다음과 같다.

국제정치 및 국제 공산주의 운동과 관련한 여러 문제를 고려해 북조선은 반복적으로 중국으로부터의 독립성과 그에 대한 상세한 설명을 강조, 북베트남을 돕기 위한 행동의 일치와 관련해 채택한 북조선의 입장, 일반적인 의미에서의 반제국주의 운동의 단결, 소련의 북베트남 원조에 대한 평가, 직·간접적 형태의 중국의 비난과 공격 반대. 이번 5월 마흐메트 쉐후(Mehmet Shehu)의 베이징 방문 동안, [알바니아 총리인] 그는 중소 논쟁에서 중간적이고 중립적인 입장을 취하는 이들을 매우 통렬하게 비난했다. 김일성은 그가 욕심을 부려 손해를 보는 동안 북조선은 욕심을 부리지 않고 자신의 이익을 굳건히 하고 있다고 어떤 사람들이 주장한다는 보고에서 마흐메트에게 반응했다.

전술한 사실에 대해 강조하는 동안, 소련은 물론 적어도 한동안 소련의 견지가 북조선과는 달라서 발생한 몇 가지 문제점이 있다고 언급했다. 소련 동지들은 독립성과 조선로동당의 유일성을 강조함으로써 다른 국가의 당이 다른 이데올로기를 따라서 생긴 실수와는 다르게 국제적 노동자 계층 운동에서 조선로동당만이 유일하게 올바른 마르크스-레닌주의를 따르고 있다고 말하고자 하는 김일성의 논조에 동의하지 않는다는 것을 전혀 부정하지 않았다. […]

소련 측은 북조선의 견지와는 대조되게 그들은 일본과 독일의 군국주의가 똑같이 [위험하다고] 생각하지 않기 때문에 한동안 일본의 군사적 준비는 제한적이고 1970년 미-일 군사조약의 갱신을 가능하면 저지하는 것이 그들이 해야 할 가장 중요한 임무라 생각한다고 우리 관료에게 말했다. 그들은 사회주의 국가들과 관련된 일본의 이익을 환기함으로써 미국으로부터 좀 더 독립적이고자 하는 노력을 기울이는 일본에 대해 상기 언급된 정책을 계속하는 것이 필요하다고 생각했다. 또한 일본 정부를 엄중하고 일방적인 방식으로 비난하고 일본과의 관계를 개선시키고자 하지 않는 정책은 비생산적이고, 실제로 그러한 정책은 일본의 군국주의를 강화할 수 있고 미-일 관계를 강화시킬 것이라는 것이 소련의 생각이었다.

[…] 북조선 측은 남조선의 상황이 남베트남의 상황과는 확연히 다르며 그렇기에 남조선을 해방시킬 방법 역시 달라야만 한다고 주장한다. 무력투쟁과 함께 모든 종류의 투쟁 수단을 사용하는 것이 가능하고 또한 필요하다고 말했다. 기본적으로 이런 방식이 올바른 견해이고 진척되어 왔지만 남조선과 관련해 북조선이 추진하고 있는 정책은 많은 부분에서 여전

히 경직되어 있다. 예를 들어 남조선과 북조선 사이에는 어떠한 접촉(우편 등등)도 없고 북조선은 사회주의 국가들이 남조선대표단이—이따금 단순히 사회주의 [조직]을 상징하는 대표단이나 유력인사— 참석한 국제회의 등에 참석하지 말아야 한다고 주장하고 있다. 잘 알려진 바와 같이 그들이 주장하는 바는 […] 만약 그러한 국제회의가 사회주의 국가에서 개최되면 어떠한 남조선 측 인사도 참석이 허가되어서는 안 된다는 것이다. 소련 측은 그들의 견지에서 그런 식으로 남조선과의 어떠한 접촉에도 무조건적으로 반대하는 것이 옳은 견해라고 생각하고 당분간은 북조선 동지들과 상대적으로 불필요한 이슈에 대해 논쟁을 하는 것이 필요하거나 도움이 되지 않는다고 생각한다.

7개년 계획의 3년 연장에 관해 소련 동지들은 다음과 같은 견해를 가지고 있다.

이전 계획의 달성 실패에 따라 7개년 계획이 1년 반 혹은 2년 정도 연장될 것이라는 것은 이미 알려져 있었다. 소련 측은 몇 가지 요인으로 인해 이러한 결정이 내려졌을 것이라고 추측한다. 예를 들어 소련 측은 반복적으로 북조선 동지들을 도울 계획 전문가를 북조선에 보낼 것을 제안했으나 북조선 측은 소련 측의 제안을 받아들이지 않았다. 1965년 이전 몇 년간 북조선 측은 정치적으로뿐만 아니라 경제적으로도 중국에 전적으로 의존했다. 북조선은 중국에 대규모 지원, 특히 차관을 요청했다. 중국 측은 이 차관으로 북조선이 어떻게 어느 계획에 사용할 것인지 북-중 연합 위원회에서 결정해야 한다는 조건을 내걸었다(그런데 소련 측이 경제적 어려움으로 인해 중국이 북조선에 대한 원조를 원치 않고 그렇기 때문에 이러한 조건을 내걸었을 가능성을 배제하지 않았다). 북조선은 받아들일 수 없는 조건이었으나 경제적 원조가 없다면 북조선 경제에 심각한 타격이 될 수 있다는 것을 알고 있었다. 마지막으로 소련 측은 북조선의 경제적 난국의 중요한 원인들 중 하나가 대규모—그리고 소련 측의 의견에서는 부분적으로 불필요한—국방비라고 생각한다. 예를 들어 조선인민군의 병력이 너무 많다고 생각하고, 방위 시설의 상당 부분—방공호 등—이 현대전 환경을 고려할 때 불필요하고 낡았다고 언급했다.

마지막으로, 한동안 소련은 조선로동당의 지도적 기구의 재조직화와 관련하여 당 회에서 통과시킬 결의에 관한 최종적인 의견을 도출하지 않고 있다. 당에서 김일성의 지위나 여태까지의 지도부의 집단적 특징이 변화할 가능성이 낮다고 생각한다. 긍정적인 것은 이러한 재조직 과정에서 사상적 문제를 다뤘던 조선로동당 부의장인 김창만과 정치국 후보위원이며 김일성대학교 총장 겸 조중우호협회 회장인 하앙천이 지도 기관에서 떠났다는 것이다. 당 지도부에서 친중파를 대표하는 인사들이 철직되었다는 것이 소련의 생각이다.

[…]

[서명] (대사)

루마니아 주재 형가리 대사관에서 외교부로 보낸 보고
(1967년 1월 4일)

문건번호: MNL, XIX-J-1-j Rom nia, 1967, 80. doboz, 128, 00822/1967.

전기공급 10개년 계획에 따라 루마니아는 1975년까지 핵발전소를 건설하려고 한다. 루마니아가 핵발전 장치 구입을 놓고 소련 및 다양한 서방 회사들과 가졌던 회담은 지금까지도 성공적이지 못하다. 작년 루마니아 측은 국제 입찰을 포함해 영국 원자력 공사(British Atomic Energy Authority)에서 제시한 가격이 너무 높고, 신용상환(8년)은 호의적이 아니며, 발전소 운용을 책임질 위원을 파견하는 것을 받아들일 수 없다고 발표했다. […]

우리 측에서 이용 가능한 정보에 따르면, 지난 5월 영국을 방문했던 야금산업부 부장 이온 마리네스쿠(Ion Marinescu)가 이끄는 루마니아 대표단이 다시 한 번 핵발전 장치 수입 가능성을 타진했다. 그리고 이번엔 세부적 입찰에 대해서도 질문했다. **11월 초순에 원자력 공사는 부쿠레슈티에 전문가로 구성된 위원단을 파견했고 이들은 발전장치 인도에 관해 회담을 가졌다**[원문에서 강조]. 회담에 참여한 인사는 기계 건설(machine building)산업 부장인 미하이 마리네스쿠(Mihai Marinescu)와 핵발전과 관련해 설립된 위원회의 구성원들이었다. 회담의 결과, 11월경에 완전한 입찰 안에 도달했다. 이용 가능한 정보에 따르면 입찰은 **550 메가와트 핵발전 장치 2개**[원문에서 강조]의 양도에 관한 것이다. 10년 차관으로 수출될 발전장치는 1968년 상반기부터 양도가 시작될 예정이며 발전소는 1973

년[원문에서 강조] 말쯤에 개소할 것이다. […]

　루마니아 측에서는 짧은 기일 내에 대답을 줄 것으로 예상된다.

　　　　　　　　　　　　빈쩨 요제프(Vince József) 대사

북조선 주재 헝가리 대사관에서 외교부로 보낸 보고
(1967년 1월 22일)

문건번호: MNL, XIX-J-1-j Korea, 1967, 61. doboz, 1, 001200/1967.

'문화대혁명'의 구호 아래 벌어진 최근 사건들의 결과로 중조관계에 새로운 현상이 나타나기 시작했다. 우리는 전술한 쟁점들에 관한 정보를 다음과 같이 요약하고자 한다.

1. 중국에 거주하는 조선인들의 상황에 관하여
쿠바 대사로부터 입수한 정보에 따르면 중국에 거주하는 조선주민의 상황이 '문화대혁명'으로 인해 악화되어 왔다고 한다([북조선 외교부] 영사국 소속의 한 관료가 최근 우리에게 중국에 살고 있는 조선인이 약 100만 명 정도이고 대부분 만주에 살고 있다고 말했다). 북조선 측 자료를 참조하여 비고아(Vigoa) 동지는 '홍위병'이 북조선 국적인 사람에게도 홍위병의 활동에 동참하도록 강요했고, 또한 대규모 집회 조직에 가입하도록 강요하고 있다고 언급했다. 이는 당연히 북조선 최고 지도층과 대다수 북조선 인민들의 반감과 불만을 유도했다. 집회의 권리와 같은 북조선 국적 인민들의 권리가 '문화대혁명' 중 시행됐던 조치들로 인해 침해됐다. 이러한 현상들은 중조관계의 긴장을 강화하고 있다. 북조선 측은 중국 지도부와의 대결을 피하기 위해 최선을 다하고 있고 중국 측에 현재의 긴장국면을 더 악화시킬 구실을 주지 않기 위해 노력을 하고 있다. 이는 북조선 동지들이 직접적 비판을 할 경우 심각한 결과에 직면하게 되기 때문에 중국의 상황에 대해 간접적으로 비평하는 것을 선호하는지를 알 수 있는 이유라고 쿠바 대사가 말했다. 최근 북조선 동지들은 중국에 인접해 있기 때문에 지극히 어려운 상황에 처해있다. [쿠바 대새인 비고아 동지가 [그러한 뉴스]가 현 상황에서는 불가능한 공개 비판을 포함하기 때문에, 북조선 일간지가 '문화대혁명'에 관해 보도를 하지 않고 있는 예를 인용했다.

2. 이미 언급한 대로, 북조선 일간지는 중국의 사건에 대해 보도하지 않고 있으나 이전의 관례에 따라 중국 노선을 간접적으로 비판하는 기사를 계속 발표하고 있다.

최근 1월 19일자 로동신문에 김함영(Kim Ham-yeong) 박사가 '국가 문화유산과 사회주의적 애국주의'라는 긴 이론적 제목의 기사를 썼는데, 이는—중국에 대한 직접 언급 없이— 이미 알려진 중국 문제에 반대하는 것이었다. 조선중앙통신—최근까지도 '문화대혁명'을 보도하지 않았던—의 기밀 속보에서 '홍위병' 운동에 관한 서방 소식통의 보도가 최근에 발표됐다.

중앙 일간지가 다루는 중국에 관한 뉴스의 수가 여전히 최소한에 그치는 것은 전술한 문제(북조선이 중국과의 공개적 대결을 원치 않음)와 연계되어 있다.

3. 북조선과 중국 지도자들의 새해 인사 교환에 관하여

다음과 같은 내용을 포함한 중국과 북조선의 새해 연하장 교환에 관한 북조선의 공식 발표를 점검해보는 것은 흥미로운 일이다. "1967년 새해를 맞이하여 김일성 동지는 중화인민공화국의 마오쩌둥 동지 및 저우언라이 동지와 새해 연하장을 교환했다. 또한 최용건 동지가 전국인민대표대회 상무위원회 위원장 주더(朱德) 및 중화인민공화국의 저우언라이와 연하장을 교환했다." 우리가 아는 바로는 북조선 언론이 이전에는 상대방의 직위나 역할을 포함한 표제를 공식 발표한 일이 없다. (북조선 지도층이 [중화인민공화국] 국가주석 류사오치(劉少奇)와는 서신을 교환하지 않았다는 것은 주목할 만하다.)

북조선과 알바니아 지도자들 사이의 새해 인사 전보 교환도 중조관계를 *간접*

적으로 [원문에서 강조] 보여 준다. 알바니아의 지난해 전보에서 알바니아로동 당의 이름으로 가장 따뜻한 우호의 인사가 북조선 지도자들과 인민들에게 행해 졌으나, 올해 전보에서는 알바니아 인민과 전보의 서명자의 인사만이 북조선 수취인과 북조선인민에게 전해졌다. 1966년 알바니아 새해 전보에서는 두 인 민들 사이에 *확고한* [원문에서 강조] 우호의 발전이라는 용어가 있었으나 올해 에는 '확고한'이라는 형용사 없이 [오직] 두 인민 사이의 우호적 교류의 발전에 대한 확신이라는 표현만이 사용됐다.

[···]

4. 베이징의 우리 대사관에서 입수한 정보에 의하면 중국은 중조 국경선에 군 사력을 집중하고 있으며 구체적 목적은 당분간 알 수 없다.

5. 대화 중 북조선의 동지들이 중조관계를 언급하지 않는다.

그들은 중국과 관련한 사건에 대해 평가하는 것을 회피한다. 그럼에도 불구 하고 몇몇 [국제관계에] 정통한 북조선 동지들이 공개적이고 간적접으로 중국 노선을 비판하는 언급을 했다. 한번은 외교부 소속 한 관료가 우리 대사에게 "···우리는 곧 중국이 그들 자신의 노력으로 현 난국을 극복하기를 희망하지만 이 문제가 *모든* [원문에서 강조] 사회주의 국가에게 어려움을 일으킨 것은 사실 이며 제국주의자들은 이러한 점을 이용하려고 최선을 다하고 있다. ···반면 김 일성 동지가 당 회의에서 행했던 담화에서 중국에 대답을 했고, 그는 우리 가 다른 사람의 의자에 앉지 않았다고 선언했다."

중국에 대한 확실한 언급에서 스포츠 위원회의 유력한 관료는 현재 북조선은 '확실하게 인지하기 시작한' 어린아이와 같은 상황이며 이전의 고립을 거부하 고 교류를 추구한다고 말했다.

6. 마지막으로 내가 몇몇 서점에 들러서 느끼기에는, 예전에는 마오쩌둥의 책들이 많이 발행되었으나 지금은 서점에서 사라졌다.

[…]

까더쉬 이슈뜨반(Kádas István) 대사

북조선 주재 헝가리 대사관에서 외교부로 보낸 보고

(1967년 2월 27일)

문건번호: MNL, XIX-J-1-j Korea, 1967, 60. doboz, 50, 001210/2/1967.

이전의 협약에 의거해 2월 2일 조선로동당 중앙 위원회의 계획재정부 수장인 림기철(Lim Gi-cheol) 동지가 내가 요구했던 질문에 관해 답을 주기 위해 내에뜨레 샨도르(Etre Sándor)를 만났다.

계획의 개선에 관한 나의 첫 번째 질문에 대해 그는 다음과 같이 답을 했다.

지금까지 우리의 계획은 정확하지 않았고 우리는 임무의 할당에 적절한 주의를 기울이지 않았다. 기회의 개선과 관련하여 현재 우리는 중앙이 각 사업부에 사업간 협력을 고려하여, 구체적이고 포괄적인 계획을 할당하는 것에 대해 분투하고 있다. 계획의 임무는 질적인 부분을 달성하고자 생산자들이 이전의 배타적이던 양적 중심의 자세를 없애는 것이다. 즉, 예를 들자면 예전에는 트랙터(도장(paint)이 조악해 갈라져 벗겨졌다)를 제조하는 동안 공장은 오직 트랙터의 생산량에만 관심을 쏟았고 질적인 부분에 관심을 두지 않았다. [...] 공장 감독자는 인원 감소, 새로운 기술도입, 제조원가 절감에 특별히 관심을 두지 않았다.

산업과 관련해 여기보다는 당신의 국가가 좀 더 오래된 전통이 있다. 북조선에서는 해방 이후 산업의 많은 분야들이 동시에 발전하기 시작했으나 전문적 기술을 지닌 간부들의 [개선] 속도는 산업 분야의 발전 속도에 미치지 못했고 그들의 수준은 아직 필수적 단계에도 도달하지 못했다. 이러한 독특한 상황 때문에 공장에서 창고에나 있을 법한 물건을 생산하거나 [예를 들어 판매 불가능한 상품들] 광물 자원 탐사를 시작했지만 어떤 것도 찾지 못하는 경우가 여러 번 일어났다. 드릴이 깊이 시추하지만 거기에서 오직 암석만을 발견하곤 한다.

북조선의 특수한 상황, 즉 분단 때문에 많은 남성들이 군에 복무해야만 한다. 반면에 많은 공장들은 여자보다는 남성을 고용하기를 원한다. 그럼에도 여성을 고용할 경우 대부분 아이가 없는 여성들이다. 감독자는 종종 유치원이나 보육원 같은 복지 시설을 설치할 여유가 없다고 언급한다. 아이가 많거나 육체노동을 하는 여성들에게는 이미 6시간 노동 규정이 도입됐는데 이는 국가의 간섭에 의한 것이다.

불규칙한 원료 공급은 기회에 있어 또 다른 문제를 야기하고 있다. 원자재가 불필요하게 평양에서 신의주로 이동되거나 혹은 반대로 됐던 일이 여러 번 발생해오고 있다. [⋯] 이러한 문제를 완전히 만족할 만한 방식으로 해결하기 위해서는 여전히 상당한 부수적 노력이 필요한 상황이다. 이를 위해 최근 물류공급위원회가 설치됐다. 국가계획위원회는 문제점을 해결해 나가고 있으나 세부적으로 계속적인 물품 공급을 계획할 수는 없다. 그러므로 현재 이러한 업무는 물류공급위원회의 몫이다.

계획에 있어 문제점을 해결하기 위해 당신의 국가(헝가리)로부터 지원을 받고자 한다. 내가 주로 고려하는 바는 전술한 업무를 위해 장비한 우리 측의 장비와 컴퓨터가 이미 구식이 되었기 때문에 더 이상 오래된 방식과 수단을 통해 기계화된 계산을 수행할 수 없다는 것이다. 통계국의 컴퓨터를 신형으로 교체하고 싶다. 여러 문제점들은 단지 오래된 장비 때문만이 아니라 장비를 운용하는 기술자들의 낮은 수준 때문이기도 하다. 일부 간부들은 그들의 지식을 개선하려고 하지 않는다. 내 생각에 헝가리와의 과학-기술 협력의 틀 안에서 헝가리가 이 분야에 도움을 줄 수 있을 것이다. 기계화 실현이 얼마나 중요한지를 덧붙이고자 한다.

나는 이러한 문제점들이 기본적으로 새로운 것이 아니며, 우리가 현 상황을 철저하게 개선하기 위해 투쟁 중인 것을 강조하고 싶다.

과학·기술협력과 관련한 나의 두 번째 질문에 대해—나는 최근 설치된 새로운 부서의 업무를 말하면서— 부서장 동지가 다음과 같이 답했다.

우리나라에서 식품 산업, 섬유 산업, 경공업은 일반적으로 저개발 분야로 분류된다. 반면에 우리 당은 인민들의 삶의 질 개선에 많은 관심을 기울이고 있다. 부서의 재조직이 이 분야에 영향을 미친다. 경제에서 이 분야의 후진성은 역사적인 이유로 설명이 가능하다. 일본은 조선반도에서 경공업을 발전시키지 않았다. 반면에 일본은 우리로부터 강탈한 원자재를 대신해 경공업 물품을 수출했다. 해방 이전에 경공업의 일부 기반이—오직 남조선에만— 존재했다. 공화국의 북부 지역에는 [오직] 중공업단지만이 있었고 이마저도 광범위하게 산개돼, 대게 해안이나 해안 인접지역에 있었다. [⋯] 이에 관한 좋은 예가 1945년 성냥 공장이 북조선에 부족했다는 것이다. 종합하면 경공업 분야에 숙련공이 부족한 것은 이해할 만하다. 게다가 이용 가능한 기술 전문가들의 수준도 낮다. 예를 들어 페인트 생산에 필수적인 원자재의 질은 충분하나 관련된 인력이 이를 적절히 처리하지는 못한다. 도구가 조악하며 기술은 구식이다. 외환 [이용]과 관련해 우리의 불리한 상황 때문에 현재 우리는 경공업 장비를 외국으로부터 수입할 여유가 없다. 예를 들자면 기성복 생산을 위해 바늘이 필요하고 이를 위해 새로운 기술 전문가를 양성해야만 한다. (예를 들어 바늘 생산을 위한.) 이를 위하여 현재 북조선에 없는 현대식 기계장치가 필요하다.

문제 있는 또 다른 분야가 식품 산업이다. 북조선에는 많은 과일들이 재배되고 작황이 좋기는 하지만 만족스럽지 못하다. 제철에만 과일을 소비하고 만약 제철이 끝나면 조선인민들은 과일을 먹을 수 없다. 이 문제 또한 기회, 기계화 및 기술과 연계되어 있다. 예를 들어 우리가 양조장을 건설했지만 조악한 기술로 인해 맥주의 질이 불만족스럽고 나쁘다.

현재 양념류(간장, 된장)의 질도 해방 이전에 집에서 만든 것보다 나쁘다. 이는 공장의 조악한 기술 때문이다. 우리 노동자들은 왜 [공장에서] 양질의 양념류가 생산되지 않는지를 자주 묻는다. 김일성 동지는 이 분야에 종사하는 사람들을 자주 비판하지만 허사이다.

가정용 도구의 질도 만족스럽지 않다. 금세공 기술 또한 발전되어 있지 않다. 우리의 목표는 단시간에 이러한 문제점을 해결하는 것이다. 이는 무엇보다도 각 부서를 재조직하는 것이다. 우리는 섬유 산업과 같은 좀 더 중요한 분야는 중앙에 종속시키고 이전의 적용과는 반대되게 식품 산업을 집중시켜야 하는 반면 나머지 산업들은 지역 산업에 할당시키는 업무에 착수했다. 우리가 생각하기에 [상품]의 계속적 공급은 이런 방식으로 실현될 수 있을 것 같다. 그러므로 현재 중앙에서 식품 산업 전반을 관장하고 있다. 헝가리는 이 분야에서도 도움을 줄 수 있을 것이다. 또 다른 문제는 중앙에서 이런 저런 문제와 관련하여 지시를 내리고 있지만 어떻게, 어떤 기술로 문제를 해결할지를 말하지 않는 것이다. […]

국방 분야에서 다량의 비철금속을 사용했는데, 부서장 동지는 생산 없이 소비만 한다고 농담조로 말했다. 더구나 방위 산업이 사용하는 금속의 양을 고려한다면 우리는 심지어 [금속]도 수입해야만 한다. 현재 우리 외교부가 이전의 몇몇 조약들을 준수하지 못했기 때문에 어려운 상황에 처해 있다. 즉 비철금속을 우호국에 줄 여유가 없다는 것이다. 추출 산업의 상당한 투자가 이루어진 것을 고려하면 이러한 상황은 단시간에 바뀔 것 같지 않다.

다른 물품의 질도 조악하며 이는 우리 무역액이 높지 않은 또 다른 이유이다. 파트너 국가에 그들이 필요로 하는 것을 제공할 수 없고 우리가 필요로 하는 물품도 얻을 수 없기 때문에 우리의 상황이 어렵다.

[…]

까더쉬 이슈뜨반(Kádas István) 대사

북조선 주재 헝가리 대사관에서 외교부로 보낸 보고

(1967년 3월 9일)

문건번호: MNL, XIX-J-1-j Korea, 1967, 61. doboz, 1, 002130/1967.

공개 전보에서 이미 보고했던 것처럼, 김일성은—조선로동당 최고인민
회의의 중앙위원들과 몇몇 고위급 간부들이 참석한 자리에서— 곧 북조
선을 떠나는 쿠바대사 비고아(Vigoa)를 접견했다. 접견 후 김일성은 쿠바
대사를 환송하는 오찬을 주재했다. 일부 우호국가의 대사들의 의견에 의
하면, 쿠바대사에게뿐만 아니라 조선로동당과 쿠바공산당 사이의 밀접한
우호적 접촉에서까지 우호가 강조되었다.

동독 대사인 호르스트 브리에(Horst Brie) 동지로부터 입수한 정보에 의
하면 김일성 동지와 비고아 사이에 있었던 대화에서 다음 부분이 가장 중
요하다.

김일성은 조선로동당이 직면한 현 사건들에 의해 정당화 되는 최고인
민회의의 올바른 정책을 옹호했다. 그는 공산주의 및 노동자 운동의 상황
뿐 아니라 국제적 상황이 매우 복잡하다고 생각했다. 김일성은 중조관계
를 언급하면서, 양국관계가 매우 문제가 있다고 말했다. 또한 그는 최근
에 알려진 중국의 비방을 언급했다. 홍위병이 퍼트린 논거가 희박한 김일
성과 김광협 사이의 불화를 언급하면서 김일성은 우스갯소리로 김광협이
그 자리에 그와 함께 앉아있었고 그와 대화를 했고, 이것이 의미하는 바

가 분명하지 않느냐고 말했다. 대화 도중 김광협 역시 반중국적 언급을 전했다. 무엇보다도 그가 평양에 있는 현 중국 대사를 알고 있으며, 당시 김광협이 중국대사와 오랫동안 같이 반일투쟁을 했었다고 말했으며, 그는 왜 중국대사가 공격받고 있는지 안다고 그가 언급했다.

(우리의 코멘트: 이미 보고한 대로 몽골 측 자료에 따르면 여기에 오랫동안 없었던 평양 주재 현 중국 대사의 일이 자국에서 비판받고 있다.)

중국 대사관이 북조선 화교에게 반조선 프로파간다를 수행하는 것을 지적하면서, 김일성은 비고아 대사와의 오찬에서 중국 대사관의 행동에 대해 못마땅하게 얘기했다. 중국 측에서 "[동독 대사] 브레즈네프 (Brezhnev)와 코시킨(Kosygin)을 그들의 지방에서 뽑은 기름으로 튀겨야 한다"는 문구가 적힌 간판을 북경 주재 북조선 대사관 앞에 설치한 것에 대해 북조선 동지들은 북조선 대사관을 상대로 행해진 이러한 도발에 분노하고 있다고 김일성이 말했다. 우리는 이러한 비난과 그 비슷한 것들이 의미하는 것을 이해한다! 평양 주재 중국 대사관이 설치한 유리 진열장 속의 사진에 관한 문제에 대해 김일성은 중국 측의 행동이 프롤레타리아 국제주의와 양립할 수 없으며 그것이 부르주아적 국수주의 행동이라는 것을 선언해야만 한다고 말했다. 신임 알바니아 대사의 잘 알려진 행동을 언급하면서 김일성은 그가 북조선에서 얼마 지내지는 않았지만 알바니아 임시대사대리에 의해 제거된 사진을 다시 한 번 유리 진열장에 집어넣은 것을 강조했다. 이러한 적대적 행위는 우호국가의 대사들의 품위에 맞지 않는 조치이다!

김일성은 북조선과 쿠바의 관계가 매우 양호하다 생각하고 있었고 친밀한 우호협력이 양측 관계의 특징이며 양국 당의 견해도 완벽하게 일치한다고 언급했다. 조선로동당은 쿠바공산당의 견해를 온전히 지지한다고 첨언했다. 그는 조선로동당이 오직 쿠바가 동의하고 지원하는 라틴아메리카의 혁명적 운동을 지지했던 예를 언급했다.

대화 중 쿠바 대사 비고아가 몇 가지 질문을 던졌다. 예를 들면 북조선과 유고슬라비아의 관계, 평양과 베오그라드(Belgrade) 사이의 외교관계 구축 가능성 등에 관한 질문이었다. 김일성은 외교관계 구축에 대해 부정적으로 답했고 루마니아 역시 비슷한 외교관계 구축을 제안했고 소련 역시 외교관계가 유용하다는 것을 알고 있다고 지적했다.

(우리의 코멘트: 김일성과 비고아의 대화 며칠 후에 북조선 언론은 일본 측 출처에 기반한 반유고슬라비아 기사를 게재했다.)

비고아 동지는 핵확산방지와 관련된 소련의 입장에 대한 북조선 동지들의 의견에 관하여도 질문했다. 북조선 측은 소련의 견해에 동조하지 않지만 공개적으로 소련의 견지를 비판하거나 공격하지 않을 것이 김일성의 대답을 통해 명확해졌다.

대화의 다른 부분에서 김일성은 마오쩌둥을 언급했다. 참석한 최용건을 가리키며 김일성은 최용건과 마오쩌둥이 같은 나이이지만 최용건의 건강 상태가 마오쩌둥보다 양호하고 정신상태도 훨씬 맑다고 말했다. 비록 [1957]년 시절에 마오쩌둥이 소련공산당 총서기 흐루시초프 (Khrushchev)와는 반대로 북조선 내정에 간섭한 일에 대해 사과했지만, 지금까지 "마오쩌둥은 흐루시초프만큼이나 많은 실수를 저질렀다"고 김일성이 말했다. 국제 공산주의 및 노동자 운동의 통합에 관한 질문에서 김일성은 두 가지 가능성이 있다고 말했다. 첫 번째는 집단적 행동에 기반해 약소국가들이 중국과 소련이라는 두 강대국 사이의 통합과 협조를 회복하도록 설득하는 것이다. 두 번째는 약소국의 도움 없이 두 강대국이 '그들 스스로' 합의에 도달하는 것이다. 두 가지 가능성 중에 첫 번째 방법이 현실적이며 반면에 두 번째는 비현실적으로 보인다고 말했다.

까더쉬 이슈뜨반(Kádas István) 대사

북조선 주재 헝가리 대사관에서 외교부로 보낸 보고

(1967년 3월 10일)

문건번호: MNL, XIX-J-1-j Korea, 1967, 60. doboz, 40, 002128/1967.

최근 펜들레르 까로이(Fendler Károly) 동지가 소련대사관 무관부 소속 라티쉐프(Latyshev) 대령에게 헝가리군과 조선인민군이 접촉한 정보를 제공했다. 우리 측의 요청에 의해 라티쉐프 동지가 조선인민군의 구조, 병력, 무장 등에 대해 다음과 같은 정보를 제공했다. [⋯]

소련측 추산에 의하면 조선인민군의 병력은 대략 50만에서 55만 정도로, 육군이 40만, 공군과 방공군(防空軍)이 45,000명, 해군이 17,000명으로 추정된다. 무장 경찰과 공안 병력은 약 10만 명이다. (남조선과 미국은 조선인민군을 약 30만에서 35만으로 추정하고 있다.)

[⋯]

군사 장비:
전차 및 돌격포(assault gun)⋯⋯⋯⋯⋯⋯⋯⋯⋯⋯⋯⋯⋯ 670대
야포⋯⋯⋯⋯⋯⋯⋯⋯⋯⋯⋯⋯⋯⋯⋯⋯⋯⋯⋯⋯⋯⋯⋯ 3,500대
박격포⋯⋯⋯⋯⋯⋯⋯⋯⋯⋯⋯⋯⋯⋯⋯⋯⋯⋯⋯⋯ 약 4,000대
대전차포⋯⋯⋯⋯⋯⋯⋯⋯⋯⋯⋯⋯⋯⋯⋯⋯⋯⋯⋯⋯ 2,000대
미사일발사체(missile launcher)⋯⋯⋯⋯⋯⋯⋯⋯⋯⋯⋯ 75대
전술기⋯⋯⋯⋯⋯⋯⋯⋯⋯⋯⋯⋯⋯⋯⋯⋯⋯⋯⋯⋯⋯⋯ 336대
전투기⋯⋯⋯⋯⋯⋯⋯⋯⋯⋯⋯⋯⋯⋯⋯⋯⋯⋯⋯⋯⋯⋯ 250대

폭격기·· 50대

전투함·· 160대

[…]

　1966년까지 북조선의 군사적 구상은 1930년대 항일유격대의 전술과
1950~53년의 애국전쟁의 경험을 토대로 하고 있었다. 이는 유격전 전술
및 전략에 영향을 받았으며, 주로 중국의 군사적 견해를 반영하고 있다.
북조선은 미사일이나 핵무기 혹은 다른 나라 군대의 군사적 경험을 연구
하지 않았다.

　1966년 북조선은 다른 우방국 군대의 경험을 연구하기 시작했고, 특히
소련군에 대해 연구했다. 공세적 및 수세적 상황에서 미사일과 핵무기를
포함한 군사적 행동에 관한 연구가 도입됐다.

　[…]

　남조선군 병력은 약 70만 명으로 육군 66만, 공군이 3만, 해군이 1만 7천
명이다.

　[…]

전차 및 돌격포··· 800대

야포·· 약 2,000대

박격포·· 약 4,000대

대전차포··· 8,000대

전투기·· 약 230대

폭격기··· 40대

수송기 및 헬리콥터·· 200대

전투함··· 40대
미사일발사체··84대

더불어 미 8군 6만 명이 남조선에 주둔하고 있다.

[···]

최종적으로 라티쉐프 동지는 남북 양측 누구도 완벽한 군사적 준비태
세에 도달하지 않았지만 상당한 준비를 하고 있다고 언급했다. 그는 북조
선이 소총, 기관단총, 기관총, 박격포와 일부 소화기를 자체적으로 생산
하고 있고, 소규모의 정비창도 운용 중이라고 부연 설명했다. [···]

까더쉬 이슈뜨반(Kádas István) 대사

북조선 주재 헝가리 대사관에서 외교부로 보낸 보고
(1967년 3월 13일)

문건번호: MNL, XIX-J-1-j Korea, 1967, 61. doboz, 5, 002126/1967.

작년 말 김일성 동지의 모스크바 비밀 방문 결과, 정치국 최고회의(the Presidium of the Political Committee) 회원이며 중앙위원회 서기(a secretary of the Central Committee) 겸 제1부총리인 김일이 이끄는 북조선 고위급 대표단이 2월 13일부터 3월 3일까지 소련을 방문했다. 이종옥(정치국 위원, 부총리 겸 조선과학원 원장), 오진우(인민무력부 부부장, 정치국 후보위원), 오동욱(정치국 위원, 기술발전 위원회 위원장(Central Committee member and the Chairman of the Commission of Technical Development)) 외에 여러 인사들로 대표단이 구성됐다.

브레즈네프(Brezhnev)와 코시킨(Kosygin)이 북조선 대표단을 영접했으며, 소련 대표단은 제1부총리 마주로프(Mazurov)가 이끌고 있었다. [⋯]

소련 측은 북조선의 핵발전 장치 [원문에서 강조]의 양도 요청을 거절했다(소련의 지원으로 건설된 실험용 원자로는 약 1년 반 전에 가동을 시작했고, 소련 동지들은 그 이후의 원자로 운용에 관한 자료에 대해서는 알지 못했다). [⋯]

까더쉬 이슈뜨반(Kádas István) 대사

쿠바 주재 헝가리 대사관에서 외교부로 보낸 보고

(1967년 4월 2일)

문건번호: MNL, XIX-J-1-j Korea, 1967, 61. doboz, 1, 002397/1967.

[…] 어느 쿠바 언론도 중소논쟁 전반과 최근 중국에서 발생한 사태에 관하여 뉴스를 보도하지 않고 있다. 라디오와 일간지는 베이징 주재 사회주의 대사관들, 특히 소련 대사관에 영향을 끼친 끔찍한 행위에 대해 보도를 하지 않았다. 뉴스 매체의 보도는 동요와 프로파간다에 관한 쿠바당 부서가 발간한 기밀 정보 문건에만 나타나고 있다.

전술한 것들로 인해 쿠바 측이 하바나 주재 북조선 언론 통신원이 기자회견 하는 것에 동의한 것뿐만 아니라 보도권까지 준 사실을 놀랍게 생각할 수 있다. 기자 회견의 내용은 알제리에서 있었던 북조선 측의 기자회견 내용과 동일했으며, 내가 아는 바로는 알제리에서 최초로 이러한 기자회견이 열렸던 것 같다. 기자회견의 주제는 중국의 북조선 비난에 대한 비판이었다.

결국 이는 쿠바의 정치적 시류가 실제 뉴스의 보도관제를 신경쓰지 않은 유일한 경우이다.

이러한 사실은 쿠바-북조선 교류의 힘을 보여주고 있다. […]

이러한 교류로 인해 쿠바공산당은 기자회견을 금지할 수 없었다. 이러한 사실이 쿠바 측을 꽤 당황시켰다는 것과 관련해, 나는 지난달 북조선 측이 하바나 리브레(Libre) 호텔에서 열렸던 것으로 알려진 기자회견을 대사관으로 타전했던 우호국의 통신원으로부터 정보를 얻었다. 기자회견이 언급되지 않은 이유는 기자회견이 어찌 되었건 '쿠바 영토' 내에서 일어나지 말았어야만 했기 때문이다.

나와의 대화 중에 북조선 측 대사는 쿠바 주재 북조선 대사관에 이용할 만한 방이 있었고, 이것이 거기서 기자회견이 열렸던 이유라고 말했다. (하바나 리브레 호텔은 하바나에서 가장 규모가 큰 고층 건물이고 수천 명을 수용할 홀(hall)들이 있다.)

쇼오쉬 뢰린쯔(Soós Lőrinc) 대사

중국 주재 헝가리 대사관에서 외교부로 보낸 보고

(1967년 4월 11일)

문건번호: MNL, XIX-J-1-j China, 1967, 59. doboz, 1, 001136/6/1967.

북조선 대사대리 김재석(Kim Jae-seok)이 주최한 오찬에서 그는 우리 측 참사와 긴 대화를 가졌다. 대화 중 그는 중국 측 상황에 대한 우리의 판단에 전적으로 동의했고 우리 참사가 했던 얘기를 그의 말로 반복하며 그 자신의 몇 가지 예를 더했다. 그는 공산당의 파괴가 사회주의 건설을 위한 수단이 될 수 없다는 데 동의했고, 마오쩌둥의 사람들과 소위 세계 인민들에 기반한 그의 사상을 강요하려는 중국 측의 노력이 결코 국제주의 원칙과 양립하지 않는다는 우리 측의 견해를 특별히 인정했다.

김재석의 견해로는 중국 측 정책의 심각한 오류 중 하나와 '문화대혁명'으로 인한 혼란의 원인은 구호(슬로건)에서 나타나듯 [중국공산당]이 오직 대중에만 의존한다는 부적절한 방법 때문이다: 실제로 모든 것을 결정하는 것은 한 사람 혹은 두 사람의 주관적 의지이다. "사태의 혼란으로 인해 중국 지도자들이 어떠한 프로그램이나 명확한 개념도 없고 그들이 원칙에 의거해 의도적으로 [중국]을 조종하고 있지 않다는 것을 느끼게 해줄 것이다"라고 김재석이 말했다.

개별 지도자들과 관련해 그는 일반적으로 믿고 있는 것보다 더 많은 사람이 류사오치의 뒤에 있다고 말했다. 예를 들어 북조선 측이 아는 바에 의하면 '행동통일위원회(Committee for the Unity of Action)'라는 조직은 실제로 약 1만 2천 명이 가입한 상당한 무장 조직으로 반(反)마오쩌둥 성향이다. 저우언라이의 경우 *홍기(紅旗)* 및 *인민일보*의 일부 기사와 저우언라이의 부관들에 의한 공격은 주로 경제적 이슈에 초점을 맞춘 사람들에 대한 공격이었는데, 실제로 저우언라이의 지시에 의하여 공격이 감행되었다. 중국인 대부분이 마오쩌둥이 추구하는 정책을 반대하고 있고 이러한 점이 문화대혁명이 질질 끌어지는 주요한 이유라는 우리 측의 평가에 김재석 동지는 동의했다. 반대에 대한 표현과 문화대혁명의 억압에 대한 예로써 그는 류사오치에 반대하는 시위에서 500명의 철도 관련 종사자들이 정부청사 단지 정문에 있는 경비병에게 욕을 퍼부은 것을 언급했다. 경비병들은 시위대를 포위했고 무릎을 꿇고 머리를 숙여 마오쩌둥의 인용문을 읽도록 강요했다. 시위대의 지도자가 이를 지속하지 않고 일어섰을 때 경비병들이 그를 잡아채서 구타했다.

중국 내부 상황에 대한 일반적 평가에 관해 북조선 대사대리는 반복적으로 상황이 매우 혼란스럽고 위험하다고 강조했다. [헝가리 참사관]은 북조선 대사대리가 위험한 내전의 발발을 의미하는 것으로 느꼈다.

경제적 상황과 관련해 김재석은 중국의 자료가 신빙성이 없고, 이 때문에 중국의 경제상황을 정확히 파악하는 것이 어렵다고 언급했다. 곡물 전망치와 기아 가능성에 관해 그는 농민은 먹을 것이 없다는 중국 외교부 부장 천이(陈毅, Chen Yi)의 말에 따른 벽보를 언급했다. 그는 산업계 또한 심각한 문제가 있다고 첨언했다. 이러한 모든 문제의 원인은 경제계획의 부재와 노동자들의 미래에 대한 불안 때문이다.

문화대혁명의 국제적 영향에 관하여 북조선 대사대리는 세계의 인민들은 그러한 혁명이 필요치 않다고 말했다. 저쪽 북조선에서는 분단과 미제국주의로부터의 상존하는 위협이 근본적 문제이기 때문에 이러한 혁명은 상상조차 불가능한 것이다.

중조관계에 대해 김재석은 헝가리 참사에게 이미 우리에게 알려진 평양 주재 중국 대사관의 유리진열장으로 인한 사건을 말했고, 불행하게도 중국 동지들이 일반적 규범을 지키지 못했다고 강조했다. 그는 중국의 처사가 강대국의 쇼비니즘이라는 우리 측 견해에 동조했다. 북조선이 유일한 약소국이고 어려운 상황에 처해있더라도 그러한 비난은 감내할 수 없다는 것을 강조하면서, 그는 김일성에 대한 홍위병의 비난을 매우 날카로운 조로 비판했다. 베이징의 북조선 대사가 오래 전에 신임장을 받았음에도 홍위병의 김일성에 대한 비난으로 당분간 대사가 중국에 가지 않을 것이라고 그가 말했다. 김재석은 분개한 목소리로 베이징 주재 소련 대사관에서 시위 도중 [홍위병]이 소련 대사관 차량의 국기를 찢고, 선동구호를 또 다른 대사관 차량에 부착했고, 중국 측이 이에 대한 소련 측의 항의를 묵살했다고 말했다. 중조관계를 요약하기 위해 그는 중국 측이 양국의 관계를 약한 사람이 강한 사람에게 구타당했을 경우 또 다시 맞기 위해 다른 쪽 뺨까지 내어줘야 하던 봉건주의 시대 인간관계와 유사하게 보고 있다고 말했다.

양국의 무역관계는 정체되어 있고 중국 측 선적의 만료일과 관련해 더 자주 문제가 발생하고 있는 듯하다. 문화와 과학·기술 협력은 실질적으로 이루어지지 않고 있다.

김재석 동지는 문화대혁명의 부정적 영향 중 하나로 미 제국주의자들이 중국 측 정책의 결점을 이용하여 베트남에서의 공격과 북조선을 대상으로 한 남조선 중심의 도발을 강화하는 것으로 평가하고 있다.

전술한 대화에서 중국과 이전의 중국 우호국들이 어떤 식으로 관계가 소원해지는지를 문화대혁명은 보여주고 있다. 김재석 대사대리가 보인 이전의 조심스러운 행동이 군사적으로 반중국적이 된 것은 분명히 홍위병의 반복된 비난 때문이었다.

헐라쓰 언드라쉬(Halász András) 대사

북조선 주재 헝가리 대사관에서 외교부로 보낸 보고
(1967년 5월 8일)

[국방부 부장 치네게 러요쉬(Czinege Lajos)] 동지가 이끄는 헝가리 군사 대표단의 북조선 방문을 준비하는 과정에서, 우리는 지난 몇 주간 북조선 주재 체코슬로바키아, 폴란드, 루마니아, 동독 대사관의 무관에게 자문을 구했다.

[…]

폴란드 무관인 고흐(Goch) 중령은 북한이 중국이 가졌던 그릇된 시각을 채용하게 된 결과로 최근 몇 년간 조선인민군의 발전은 답보상태에 머물러 있고, 북조선은 현대 군사기술의 발달과 현대 군사학 연구에 관심을 두지 않고 있다고 지적했다. 인민군의 수준이 현대적 기준에서 약 10~12년 정도 뒤져있다는 것이 그의 견해였다. 고흐 중령과 다른 무관들은 지난 가을 개최된 당 회의를 통해 강화된 조선로동당의 새로운 정치노선이 1966년 이래로 군사분야와 정치분야를 좀 더 긍정적으로 명시하고 있다고 강조했다. 실제로 북조선은 조선인민군을 현대화하고 있고 최신예 무기를 획득하고 있다.

[…]

모든 무관들은 북조선의 일반적 기술 수준의 후진성과 부사관들이 군 현대화와 신무기 획득에 심각한 문제점으로 작용하고 있다고 지적했다.

체코슬로바키아 무관의 견해에 따르면 북조선의 군 현대화가 상당한 성과를 거두기 위해서는 적어도 5~6년 정도의 시간이 필요할 것이다.

루마니아 무관은 소련의 북조선에의 현대적 무기 지원과 이에 대한 북조선의 요구를 긍정적으로 평가하는 것이 현명하다고 지적했다. 그러나 낙후된 기술 수준으로 인해 현대적 무기를 포함한 군비는 빠르게 손상되고 있고 북조선은 아직까지 적절하게 대응하지 못하고 있다. 보이쿠 (Voicu) 동지는 현재 소련이 북조선의 요구만큼의 현대적 무기를 제공하지는 않지만 북조선의 기술자들을 교육하고 훈련하기 위해 지속적인 지원에 따라 기술 전문가들을 파견하고 있다고 언급했다. 그는 아무리 많은 무기가 북조선에 있다 한들 무기를 적절히 다루지 못하고 손상시키기만 한다면 북조선에는 소용이 없기에, 이(제한된 무기 공급과 기술자 파견)는 합리적인 조치라고 강조했다.

[…]

무관들은 최근 조선인민군이 핵전쟁 환경을 가정하고 군사훈련을 시작했다고 언급했다. 이전의 북조선이 가졌던 견해는 핵무기 사용이 북조선의 자연 환경에서는 비효과적이라는 것이었다. 그러나 다른(예를 들어 소련) 국가들의 경험과 의견으로 인해 북조선은 그들의 견해를 변경한 듯하다. 그러나 민간 부분의 방어체제는 여전히 낙후되어 있고, 실제로 대부분의 인민들은 핵 공격과 같은 돌발사태에 준비가 되어 있지 않다고 고흐 동지가 의견을 피력했다.

보이쿠 동지는 작년 이래로 뚜렷하게 나타나는 긍정적 변화와 맥을 같이하여 북조선이 해안과 대공방어에 관심을 높이고 있다고 말했다. 평양에는 이미 미사일 방어체제가 구축되었고 평양 인근 주변에 상당수의 병력이 포진하고 있다. 이와 함께 대부분의 병력은 휴전선을 따라서 주둔하고 있으며 제1군이 서부전선을, 2군이 동부전선을 책임지고 있다.

무관들은 북조선의 병력이 공안 병력을 포함해 약 60만 명에 육박할 정도로 상당히 많다고 지적했다. 북조선은 이러한 병력을 정당화하기 위해 남조선을 언급하지만 이러한 대규모 병력은 반대로 북조선 경제에 큰 부담이 된다. 부총리인 김광협은 귀국하는 소련대사와 헝가리 무역연합대표단에게 군병력이 너무 많기 때문에 북조선은 인력부족에 시달리고 있고 이런 문제 때문에 7년 계획을 연장해야만 했다고 말했다.

[…]

까더쉬 이슈뜨반(Kádas István) 대사

북조선 주재 헝가리 대사관에서 외교부로 보낸 보고

(1967년 7월 22일)

문건번호: MNL, XIX-J-1-j Korea, 1967, 61. doboz, 200, 001202/3/1967.

6월 8일 남조선의 총선으로 인해 야당의 시위뿐만 아니라 서울에 새로운 학생시위까지 일어났다. 부분적으로는 행정적 조치에 의해, 부분적으로는 시간 끌기에 의해, 또한 남조선의 국제적 위상제고를 위한 험프리 (Humphre, 부통령)와 사토(佐藤榮作, 총리)의 방문에 의해 박정희 정권은 내부적 위기를 점진적으로 극복하고 있다. 우리가 아는 한 학생들의 시위는 각계 각층에 특별한 영향을 미치지 못했다. 야당이 선거에서 승리한 여당에 대해 가하는 비판을 상쇄하기 위해 박정희는 소위 '북조선 게릴라 침투' 위험을 이용하려고 최선을 다하고 있다.

이용 가능한 정보에 따르면, 6월 말에서 7월 초에 열린 조선로동당 중앙위원회 역시 남조선의 상황과 학생 시위 문제에 대해 논의했다 […].

6월 12일에 우리가 일상적 대화를 갖던 중 청년동맹의 국제부의 부장이 전술한 회의를 언급하지는 않았으나, 청년동맹의 정신이 충만한 상태로 다음을 소상히 설명했다.

대내외적 관점에서 남조선의 상황이 점점 더 복잡해지고 있다. 남조선 혁명과 지역 업무의 지도는 상당한 능력과 경험을 요구하고 있다(그가 직접적으로 언급하지는 않았지만 그는 나로 하여금 그들이 실수해온 것으로 느끼게 했다). 다음에서 청년동맹 국제부장은 노동자와 농민 계층의 특징이 정치적 수동성이라고 언급했고 증가하는 해외 자본 유입이 실업을 어느 정도 해소했다는 데 동의했다. 많지 않은 노동자 계층의 상대적 다수가 이런 저런 측면에서 미국인에 의해 고용되어 있다. 이러한 상황에서 우리가 주목해야 할 계층이 인텔리겐챠(intelligentsia)인데 특히 중요한 역할을 할 것이라고 그가 말했다. 대체로 남조선의 인텔리겐챠는 마르크스주의 및 공산주의 사상과는 동떨어져 있고, 대개 소시민과 중산층 부르주아의 견해나 감정을 표명하고 있다. 마지막 분석으로 학생 대부분은 소시민 계급 출신이다. 그러나 인텔리겐챠의 상황으로 인해 그들은 문화적 억압에 노출된 다른 사회계층보다 더 넓은 지적 지평과 더 많은 기회를 가지고 있다. 현 남조선정권에 반하는 인텔리겐챠가 한동안은 진정한 좌파가 아닐지라도 적절한 작업과 인내를 통해 점차적으로 좌파로 옮겨 갈수 있을 것이다. 그러므로 그는 다시 한 번 남조선의 인텔리겐챠에 대한 작업에 주목을 해야만 한다고 말했다.

[…] 현재까지 미국이 남조선에 주둔해 있는 반면 지금은 일본이 간섭하고 있고 일본이 점점 중요한 역할을 하고 있다. 마지막 분석에서 강력한 세 개의 제국주의세력―미국, 일본, 서독―이 정치적, 경제적,―마지막이지만 가장 중요한― 군사적 관점에서 남조선을 유지하고 있다. 이러한 상황은 혁명을 어렵게 하고 북조선에 더 많은 문제를 야기한다.
[…]

폴란드 리셉션에 우리가 갖던 대화 중에 외교부의 국제기구부의 수장인 박영호(Bak Yeong-ho) 동지가 유사하게도 남조선노동자와 농민 계층

의 정치적 수동성을 언급했고 학생들의 최근 시위에서도 반미를 찾아볼
수 없었다고 언급했다.

　[…]

펜들레르 까로이(Fendler Károly)

임시 대사대리(Chargé d'Affaires ad interim)

거러이스끼 이슈뜨반(Garajszki István)이
외교부 부부장 에르데이(Erdélyi)에게 보낸 정보 보고

'부다페스트와 셜고떠란(Salgótarján)에서 개최된
헝가리-조선 연대회의' (1967년 11월 14일)

문건번호: MNL, XIX-J-1-j Korea, 1967, 60. doboz, 249, 003277/1/1967.

에르데이 동지, 꼬쉬(Kós) 동지, 바르꼬니(Várkonyi) 동지, 하지 (Házi) 동지, 버에끄(Baek) 동지, 쒸치(Szűcs), 대사관(평양), 외교부에게

[…] 11월 10일에 애국전선 국가평의회는(National Council of the Patriotic Front) 헝가리-북조선 연대 회의를 부다페스트에서 결성해 같은 날 무역 연합회 국가평의회(National Council of Trade Unions)도 이와 비슷한 회를 구성했다. 무엇보다도 [이러한] 회의는 일본에 살고 있는 북조선 인민의 본국 송환에 대한 협정 연장을 촉구했고 미국과 남조선의 북조선에 대한 도발을 비난했다.
　[…]

대화 중에 [북조선 대사관 2등 서기관] 최국현(Choi Guk-hyeon) 동지는 거러이스끼 동지 참석하에서 다음의 주목할 만한 언급을 했다.

－ 인도네시아공산당은 그들의 모든 지도자와 당원들을 공개함으로써 잘
　못된 전술을 펴고 있다(예를 들어 지하조직을 운용하지 않음으로써). 그

들은 봉기 시작 후 처음으로 반대에 직면하자마자 [인도네시아 초대 대통령] 수카르로(Seokarno)에 의지하면서 평화적인 수단으로 분쟁을 해결하기를 원했다.

– 최국현은 인도네시아 방문 중 수카르노의 오만한 행동에 대해 못마땅한 듯 말했다.

– 가나, 기니아, 말리 방문을 언급하면서 최 동지는 무엇보다도 "흑인들은 과묵하고 우리와 잘 교제하지 않으며," "웨이터의 검은 피부와 더러워 보이는 손바닥 색깔 때문에 속이 뒤집혀 아무것도 먹지를 못했다"라고 말했다. 최 동지의 이 같은 발언은 우리가 상상하지도 못할 흑인에 대한 북조선의 태도를 보여준다.

[···]

거러이스끼 이슈뜨반(Garajszki István)

중국 주재 헝가리 대사관에서 외교부로 보낸 보고

(1967년 11월 20일)

문건번호: MNL, XIX-J-1-j China, 1967, 59. doboz, 1, 001187/62/1967.

나는 홍위병 신문인 동팡홍(東方紅) 10월 27일자 국제 칼럼에 나온 소식을 첨부문서로서 제출한다.

문화대혁명 기간 중 [홍위병]의 북조선 지도자들에 대한 [구두] 공격이 이미 몇 번이나 행해졌으나 이번 신문 기사의 논조는 가장 날카로웠다. 북조선 대사관의 외교관들은 중국 측의 반북조선 비난에 대해 극도로 분노에 찬 성명을 발표했다. 우리는 이번 신문 기사가 북조선 측에서 고위급 대표단을 모스크바에 보내게 한 이유라고 생각한다.

[서명] (대사)

소련 주재 헝가리 대사관에서 외교부로 보낸 보고

(1967년 11월 25일)

문건번호: MNL, XIX-J-1-j Korea, 1967, 61. doboz, 5, 002126/3/1967.

소련 외교부의 관할 부서로부터 입수한 정보에 의하면 중조관계가 악화되고 있다는 몇 가지 징후가 포착됐다. 이러한 징후 중 최근 북경에서 새로 발행된 팸플릿을 언급하고자 하는데, 이 팸플릿에는 북조선 인민들이 김일성의 수정주의적 정책으로 인해 그에게 복수할 것이라고 조선로동당 지도자를 협박하는 등의 조선로동당과 김일성의 인품을 신랄하게 비판하는 내용이 담겨 있다. 예를 들어, 양국 관계의 반목은 최근 북조선에서 경축한 중국 휴일(역주: 중국 건국절)에서도 확인할 수 있다. 중국 대사를 접견하는 조선로동당 대표의 지위가 매우 낮았으며, 북조선 지도자들이 중국에 보낸 경축 전보는 매우 냉담했고, 중국 국경일에 북조선에서 행해지던 대중 집회도 열리지 않았다. 우리 [소련] 동지들의 정보에 의하면 북조선 주재 중국 대사대리가 북조선 측과 접촉할 수 있는 기회가 매우 제한적이라고 불평했다고 한다.

소련 동지들과 접촉하는 과정에서 북조선측은 중조관계 악화를 강조했고, 중국이 북조선 경제에 매우 중요한 전통적 수출 품목을 수출하지 않거나 매우 제한적인 양만을 공급하기 때문에 특히 경제 분야에서 양국의 관계가 나빠졌다고 강조했다. 북조선에서 용광로를 작동하는 데 필수적인 점결탄(코크스용 석탄)과 같은 것이 중국이 수출하지 않는 물품의 예이다.

그러나 중국 측이 실제로 북조선과의 경제적 교류를 축소하려 했을 지라도 북조선 측이 소련 동지들과 협상 과정 중에 경제교류 축소의 압박을 과장했다는 것이 우리 동지들의 생각이다. 북조선 측이 그들에 대한 초과보험이라는 확실한 기회까지 포함할 정도로 북소 경제 교류를 넓히도록 소련을 끌어들이려 노력하고 있다는 것이 우리 상기와 같이 생각하는 확실한 이유이다. 부주석이자 외교부 부장이며 조선로동당 정치국 위원 이주연이 이끄는 북조선 경제대표단이 소련에서 가졌던 회담 중에 북조선의 이러한 의도가 분명히 나타났다.

[…]

약 한 달 동안 지속된 모스크바 회담 과정에서 […] 북조선 측은 양국 사이에 교류할 물품의 상당한 확대를 제안했다. 즉 [북조선]이 소련에 갈수록 필요성이 없어져 이미 수출이 중지됐던 소비재를 공급하는 반면, 소련이 기계·장비류, 자동차 및 트랙터 타이어, 압연 비철금속과 다른 '내구' 소비재 등의 수출을 늘리는 제안이었다. 이러한 비대칭성에도 불구하고 수입, 수출과 관련하여 소련 측은 대체로 북조선 측의 제안을 수용하였고, 그 결과 1968년에 양국의 물품 교환은 아마도 전년도 대비 약 49% 정도 증가할 것이며 사실상 1970년으로 계획했던 수준까지 증가할 것이다.

[…]

양국 사이의 경제 교류는 증가하고는 있지만 필연적으로 이러한 발전이 모든 측면에서 소련에 이익을 가져다주지 않는다. [소련 외교부]의 관료들은 "불행히도 이에 관한 언급(경제교류)이 양국 관계의 다른 분야에는 적용될 수 없다"고 지적했다. 그들은 공산주의와 세계운동 그리고 전반적인 국제적 상황에 관한 양국과 양국의 당 사이에 존재하는 불일치를 구체적으로 언급했으나, 다른 한편으로는 양국 사이의 정치적 협력 강화에 대해서는 거의 언급을 할 수 없었다. 소련외교부의 관료들은 조선반도 문제와 관련해 유엔에서 소련과 다른 사회주의 국가들의 북조선 지지에도 불구하고 북조선이 소련의 국제정책에 대한 지지를 강하게 거부하고 있다고 강조했다.

소련외교부에서 우리의 관료인 [꾀베쉬 언드라쉬(Köves András)]가 가졌던 대화 중에 […] 소련 측의—결코 공식적이 아닌— 언급은 북조선과 다른 몇몇 공산당—쿠바, 일본 그리고 여기에 베트남로동당도 포함된다— 이 자신들을 더욱더 세계 공산주의 운동의 전위대로 생각하고 있는데, 이는 한편으로 제국주의에 대항한 투쟁에 있어 상당한 역할을 하지만 반대로 좌파 및 우파 수정주의에 대항한 공산주의 운동에서 [자신들(상기 언급된 공산당)]만이 유일하게 변함없이 투쟁하고 있다고 생각한다는 문제점을 지적했다. 그리고 향후 그들은 이러한 정치적 견해를 공식적 토대로 삼으려 할지도 모른다.

소련공산당—세계 대부분의 공산당과 마찬가지로—의 입장에서 국제적 상황에 관한 많은 이슈들이 있고 세계 공산주의 운동이 각국 공산당들의 [입장과는 근본적으로 다르다는 것은 잘 알려져 있다. 예를 들어, 북조선의 입장에서 세계 공산주의 운동의 임무는 국제적 긴장을 높이고 이를 바탕으로 미국제국주의에 대한 투쟁을 강화시키는 것인 반면, 소련의 입장에서는 인민들의 반제국주의 투쟁을 위해 나은 환경을 조성하는 것은 국제적 데탕트이다. 아마도 이것이 북조선과 소련이 근본적으로 반목하는 이유일 것이고 다음으로 중요한 이유가 북조선과 쿠바와 같은 국가들이 사회주의 국가들과 공산주의 운동의 반제국주의 투쟁에서 전반적으로 어떠한 역할을 하느냐에 관한 시각 차이일 것이다. 즉 북조선과 쿠바가

동쪽과 서쪽에서 각각 반제국주의 투쟁의 전초기지이고 그들이 반제국주의 투쟁의 강력한 압박에 시달리고 있다는 언급은 받아들여질 수 없다. 반면에 두 개의 시스템(냉전)의 대립이 가장 첨예한 곳이 유럽이라는 것은 거의 사실이다. [⋯]

잘 알려진 바대로, 최용건 동지가 이끄는 북조선 당과 정부 대표단이 11월 7일 소련에서 있었던 경축 행사에 참여했고 쿠바로 떠났다. 북조선 대표단의 쿠바 방문은 쿠바대통령 도르티코스(Dorticos)의 북조선 공식 방문으로 이어졌다. 쿠바로부터 귀국한 북조선 측은 소련 동지들에게 이번 방문은 전적으로 외교 관례상의 것이라고 매우 단호하게 말했으나, 이러한 언사가 쿠바-북조선 간 쌍무 협력 강화를 목적으로 한 협상이 하바나(Havana)에서 있었다는 강한 인상을 우리에게 심어줬다. 그러한 협력의 정치적 본질 때문에 우리 동지들은 협력에 열성적이지 않다는 것은 잘 알려져 있는데, 예를 들어 김일성이 소련공산당 기관지 *프라우다(Pravda)*가 11월 7일을 맞아 그(또한 다른 공산주의 지도자들)에게 청탁한 기사를 쓰지는 않았으나 대신에 쿠바 언론에는 기사를 써서 발표했다. 이 기사가 조선로동당이 세계공산주의 운동에서 대부분의 공산당이 가진 견해와 의견을 달리한다고 다시 한 번 강조했을 때와 같이 협력에 관해 특히 소련 동지들에 대해 우호적이지 않은 어떤 제스처가 수반될 때 열성적이 않다.

브레즈네프 동지는 최용건 동지를 그의 소련 체류 기간 중 접견했다[11월 7일 축하 기간 중]. 최용건과의 만남에서 브레즈네프 동지가 두 부류의 쟁점을 제기했다. 하나는 국제 공산주의 대회에 관한 것이고, 다른 하나는 휴전선에 걸쳐 나타나고 있는 북조선과 남조선사이의 긴장에 관한 것이었다. [⋯]

기본적으로 소련은 휴전선에서 나타나고 있는 긴장의 원인에 대해 북조선의 입장을 받아들이지 않고 있다. 소련은—소련은 또한 북조선 동지들에 대해서도 그렇게 판단하지 않는다— 미국이 휴전선 지역에서 긴장을 강화하려고 의도하고 있다고 판단하지 않으며, 미국이 또 다른 조선전쟁을 목표로 하고 있다고 판단할 만한 근거도 없다고 생각한다. 베트남전쟁과 같은 미국이 직면한 국제 정세의 여러 요인들을 고려할 때, 미국이 아시아에서 다른 전쟁을 일으키지 않을 것은 분명하다.

소련은 그들이 획득 가능한 증거를 토대로—특히 중립국 감독위원회인 체코슬로바키아와 폴란드 측의 언급— 휴전선에서 발생한 사건의 대부분은 북조선에 의한 것이라고 결론 내렸다.

북조선 동지들에게 소련이 조국 통일을 위한 북조선의 투쟁 필요성을 이해하고 있다고 소상하게 설명했다. 소련은 이러한 투쟁을 지지하지만, 소련의 견해는 투쟁의 방법과 수단을 선택할 때 투쟁이 실제 행해질 시기의 조선반도 및 국제적 상황을 현실에 기반해 충분히 고려하여야 한다는 것이다. 결국 소련 측은 무장 투쟁이 조선반도 통일에 적합한지 의문을 표하고 있다.

예를 들어, 군사적 관점에서 모든 가능성을 고려할 시, 남조선군과 주한미군에 대한 북조선의 수적 우위와 필수적 군비확장을 통해 북조선의 성공적 군사행동이 가능할 것이라 결론 내리는 것은 부적절하다. 그리고 북조선에 제공된 군사원조가 방어적 무기로 제한되었다는 것을 감안해 북조선이 잘못 구상된 행동을 할 만약의 사태에 대비해 소련은 북조선을 조심시키기 위해 노력하고 있다. 그러나 북조선 동지들은 현대전의 특징과 본질을 충분히 고려하지 않을 우를 범할지도 모른다.

전술한 문제에도 불구하고 현재 북조선은 보다 광범위한 군사적 행동을 위해 노력하지는 않지만 휴전선 부근에서의 상시적 도발과 프로파간다 작전을 병행함으로써 북조선의 군비확장과 조선로동당 지도자들이 그들의 공식적 견해에도 불구하고 군사력과 경제력을 같이 키우는 것이 아니라 경제개발의 태만과 삶의 질 침체를 [야기하는] 군사력 증진에만 초점을 맞추고 있다는 사실을 정당화시키려고 한다는 것이 우리 측이 받은 인상이다.

전술한 문제에 더해, 북조선 내부상황과 관련하여 소련은 최근 김일성 개인에 대한 광신적 숭배가 상당히 증가했다고 언급했다. 최근 많은 공무원들이 그들이 있던 자리에서 쫓겨났고 공무에서 사라졌다. 첫 번째 숙청은 다소 친중국적 입장을 보였던 그리고 중국공산당 지도부의 노선을 반대하는 조선로동당의 독자적 노선을 정립하는 데 반대했던 지도자들이 대상이었다. 그러나 이후 발생한 두 번째 숙청에서는 정치적 내용이 불분명 했다. 소련 측의 관점에서 이 숙청에 연계된 당에 근무하는 공무원들이 조선로동당에서 중국 측 노선을 대변하는 것처럼 보이지는 않는다. 그러므로 소련 측은 북조선 내부 정치 상황이 좀 더 전개되는 것을 불편해하고 있다.

[…]

올라흐 요제프(Oláh József) 대사대리(chargé d'affaires)

펜들레르 까로이(Fendler Károly)가
외교부 부부장 에르데이(Erdélyi)에게 보낸 정보 보고
'베트남과 루마니아의 관점에서 본 중조 무역관계와 북조선 상황'
(1968년 1월 3일)

문건번호: MNL, XIX-J-1-j Korea, 1968, 57. doboz, 1, 00345/1968.

에르데이 동지, 자고르(Zagor) 동지, 쒸치(Szűcs) 동지, 꾀드묀(Ködmön, 무역부 부장), 헝가리사회주의로동당 대외연락부, 대사관(평양), 외교부에게

[…] 나는 귀국길에 평양으로 떠나는 북베트남 무역 참사관(Phan) 동지와 함께 베이징까지 여행을 했다. 여행 중에 판 동지는 나에게 다음과 같은 문제를 언급했다.

그는 1968년에 북조선이 2천5백만 루블에 해당하는 경제, 군사 원조를 북베트남에 무상으로 지원했다는 것을 설명했다. 그는 2백만 루블 원조 협정이 최근 평양에서 맺어졌다고 했다.

판 동지는 나에게 1967년에 [계획됐던] 중조 무역량이 약 1억 루블이었으나 실제는 이에 크게 미치지 못했다고 말했다. 그의 설명으로는 평양의 외교가에 알려진 1억 3천5백만 루블이라는 수치는 소련 추산에 근거한 것이며 이는 과장되어있다. 1968년 어음교환에 관해 전문가 차원에서 이루어진 중조 협상이 1967년 12월 초에 평양에서 열렸다. 베트남이 아는 바로는 북조선이 차관 요청을 늘리려고 한다.

북조선의 상황에 관하여 판 동지는 북조선의 프로파간다가 전쟁의 위험을 과장하고 있고 미국-남조선의 공격이 일어나지 않을 것이라고 언급했다. 북조선에서 진행되는 '군국주의'는 오직 프로파간다가 목적이고, 경제적 군사적 필수조건이 모험주의를 진행하기에는 부족하기 때문에, 북조선은 모험주의적인 행동으로 위험을 감수하지는 않을 것이다. 그는 특히 북조선의 시골지역의 경제사정이 나쁘다고 이야기를 했다. 예를 들어, 실제로 일인당 연간 육류 소비량이 약 3kg이다. 매년 북조선은 쿠바로부터 설탕 10만 톤을, 소련과 중국으로부터 각각 6만 톤씩을 구매하고, 자본주의 시장으로부터 3만 톤을 구입하고 있다. 중국으로부터의 다른 선적과 유사하게 최근 중국으로부터 설탕 선적에 문제가 있어왔다.

판 동지는 현재 약 2천 명의 베트남 학생들과 훈련생이 북조선에 있고 2월에는 500명이 추가로 북조선에 도착할 것이라고 말했다. 베트남인들은 수도(평양)와 많은 지방의 공장에서 일하거나 학교에 재학 중이다(다른 출처에서 얻은 정보에 따르면, 학생들과 훈련생들이 교육의 질과 고립된 생활 등에 대해 불평을 하기 때문에, 이 문제에 관해 북베트남 대사관은 고민을 하고 있다고 한다).

[…]

펜들레르 까로이(Fendler Károly)

북조선 주재 헝가리 대사관에서 외교부로 보낸 보고

(1968년 1월 23일)

문건번호: MNL, XIX-J-1-j Korea, 1968, 57. doboz, 1, 001262/1968.

1967년 2월 22일, 외교부 부부장 김재봉이 체코슬로바키아 대사 고루브 (Golub)를 소환했다. 체코슬로바키아 대사관으로부터의 정보에 의하면 때로는 날카로운 어조를 보이는 외교부 부부장이 대사와의 대화 중 다음과 같은 언급을 했다.

[…]

1967년 초 북조선 측이 체코슬로바키아 외교부와 체코슬로바키아 언론 대표부에 중국 홍위병 언론이 게재하는 김일성에 대한 비방을 보도하지 말 것을 요청했다. […] 그러나 요청 이후에도 체코 언론인들은 중국의 비방을 기사화했다. […]

항일 빨치산의 수장이었던 김일성이 승리할 때까지 무장투쟁을 전개해 왔다고 전 세계 인민들에게 알려져 있다. 체코 언론은 "김일성 동지는 항일유격대 투쟁의 지도자들 중 한 명"이라고 기사를 작성했다. 이는 허위 보도이다!

슬로바키아 공산당지인 *프라우다(Pravda)*에 체코 주재 북조선 임시대사대리가 프라우다 기자와 가졌던 대화가 기사로 게재됐고, 기사에는 우리 지도자의 이름에 붙는 중요한 명칭이 빠져 있었다. 프라우다지는 중대

있는 모든 현상을 살펴봐야 한다.

이는 대통령 도르티코스(Dorticos)와 부총리 라울 카스트로(Raul Castro)의 북조선 방문으로 시작됐다.

상당한 노력과 재정으로 북조선 주간이 쿠바에서 열렸고 외교대표부의 대표들이 북조선 주간의 프로그램과 북조선 투어에 초청됐다.

대규모 북조선 산업전시회가 하바나에서 열렸다. 무역부 부장 마르첼로 페르난데스(Marcelo Fernandez)가 개회사를 했다. 그는 연설에서 진정한 국제주의 정신이 있는 쿠바와 동행하는 유일한 국가로 북조선을 언급했다.

1년 내내 대표단의 대규모 교환이 진행되고 있다. 북조선 측 대표단은 모든 쿠바 국제 행사에 참여했다.

쿠바 언론은 뉴스에서 매일 북조선과 관련된 이슈들을 게재한다. 신문에서는 김일성의 말과 연설 전부를 게재하고 있다. (!) 북조선을 도발하는 사건들은─최근에 있었던 미국의 첩보선 푸에블로호 사건과 같은─ 신문의 1면 전체를 도배한다.

북조선 대사관이 거의 매주 기자회견을 개최한다고 해도 과장이 아니며, 심지어 사소한 이슈들에 대해서도 기자회견을 연다. 신문들은 이러한 기자회견에 대해서도 적절하게 보도한다.

북조선 최고인민회의 의장의 쿠바 방문은 매우 중요한 사건이었다. 쿠바의 대표단 처리와 대규모 대표단의 외교적 행동은 매우 주목할 만했다. 쿠바 총리 피델 카스트로(Fidel Castro), 대통령 도르티코스, 부총리 라울 카스트로가 개인적으로 대표단을 접견했고, 이는 쿠바 지도자들의 기존 행동을 고려할 때 매우 이례적인 일이었다.

쿠바 지도부에게 왜 북조선과의 우호가 중요한가라는 질문에 외교부 부장 라울 로아(Raul Roa)가 쿠바-북조선 우호대회에서 행한 연설을 통해 간접적으로 대답했다. 그는 지금 국제정치에서 중요한 삼각구도가 존재하고, 이는 쿠바-베트남-북조선이다. 삼국은 무장 혁명의 유일하고 진정한 상징이다라고 언급했다.

쿠바 당이 북조선 당과 중요하고 진실한 우호관계를 맺고 있는 이유는 이들이—라올 로아의 관점에서— 완전히 독립적이고, 모든 면에서 각자의 생각을 가지고 있고, 무조건적으로 반제국주의적이며, 어떠한 희생을 치르더라도 무장 해방 투쟁을 지지했기 때문이다.

쇼오쉬 뢰린쯔(Soós Lőrinc) 대사

북조선 주재 헝가리 대사관에서 외교부로 보낸 보고

(1968년 2월 29일)

문건번호: MNL, XIX-J-1-j Korea, 1968, 58. doboz, 5, 001871/1968.

최근 북조선 주재 동독 대사대리가 우리 대사관에 1967년 12월 4일부터 12일까지 북조선의 대표단이 동독의 핵 전문가들을 방문하고 그들과 토론한 사실을 통지했다. […]

조선민주주의인민공화국 핵에너지위원회(the Atomic Energy Commission of the DPRK) 부위원장이 통솔하는 북조선 대표단 인원은 세 명으로, 나머지 두 명은 위원회 부서장과 핵에너지 연구소의 주요 부서장이었다. 동독 측의 접촉 기관은 독일민주공화국 국가계획위원회였다. 동독에 머무는 동안 북조선 대표단은 산업 플랜트, 광산, 고등 교육 기관, [핵 기술과 관련된] 연구소 등을 방문했다.

12월 12일에 열린 양측의 마지막 토론 중에 북조선 측이 다음과 같은 이슈를 제안했다.
북조선은 동독과 핵 연구 분야에서 협정을 맺고 싶어 했고, 북조선 측이 협정의 가능성에 대하여 동독의 의견을 타진했다.

- 북조선은 동독 측으로부터 핵발전소 건설에 필요한 장비를 획득하기를 원했다.
- 북조선은 원자로를 운용하면서 얻은 경험을 공유할 수 있을지 물었다.

- 동독으로부터 방사능 동위원소 추출을 위해 필요한 장비 구입
- 방사능 보호와 관련해 동독의 경험을 공유하자고 요청했다.
- 과학자 상호교환을 제안했다.
- 북조선 측은 핵 연구분야에 훈련 받을 인원을 동독 측에 보낼 준비가 되어있다.
- 북조선은 동독으로부터 다음과 같은 장비를 구입할 의사가 있다.
  · 방사능 동위원소 측정 장비
  · 핵물리학에서 사용되는 계층 장비
  · 서양 과학 저널에서 발간된 논문 사본이나 마이크로 필름

북조선대표단의 제안에 동독 측은 다음과 같은 답변을 했다.

- 북조선 측이 가능한 범위에서 동독은 북조선이 제안한 분야에서 협조할 준비가 되어 있다.
- 반면에 동독은 여러 사회주의 국가들과, 특히 소련과, 협력을 하고 있기 때문에 북조선과 핵에너지의 평화로운 이용과 관련된 모든 분야에서 광범위한 협력을 달성할 만한 위치가 아니다. 가능한 협약을 체결하는 것이 현실적으로 보이지만, 동독은 북조선이 동독과 협력하고 있는 다른 국가들에게도 협조를 구해볼 것을 요청했다.
- 북조선이 그들의 제안을 정부차원에서 서면 형식으로 혹은 모든 의제를 포함한 과학-기술 협정 형식으로 요청해야만 하므로, 동독 측은 북조선 대표단의 구두 요청을 정보로만 인지한다.
- 동독 동지들은 소련이 북조선과의 협력을 동의한 경우에만 북조선과의 협상을 시작할 수 있기 때문에 소련 측 의사를 타진해볼 것을 매우 강조했다. 예를 들어 북조선이 앞서서 협력 계획을 보내야지만 동독이 훈련생을 받을 수 있다. 이러한 기조 하에 동독은 훈련생 수용 여부를 결정할 것이다.

- 동독은 북조선에 전문가로 구성된 대표단을 파견하거나 북조선의 대표 단을 접견할 준비가 되어 있다. 이 경우 동독은 각각의 정부가 대표단에 게 전권을 위임할 것을 요청했다.

[…]

북조선 측 대표단은 체코슬로바키아와 소련을 방문해 비슷한 제안을 했었다고 동독 대사대리가 언급했다.

까더쉬 이슈뜨반(Kádas István) 대사

북조선 주재 헝가리 대사관에서 외교부로 보낸 보고

(1968년 2월 29일)

문건번호: MNL, XIX-J-1-j Korea, 1968, 58. doboz, 2, 001872/1968.

루마니아 대사 포파(Popa) 동지가 스스로의 판단에 의해 어포슈톨 (Apostol) 동지가 이끄는 루마니아공산당 대표단이 북조선을 방문한 사실을 알리기 위해 2월 8일 나를 방문했다. […]

루마니아공산당 대표단은 조선로동당의 초청으로 평양을 방문했다. 루마니아 측은 어포슈톨 동지가, 북조선 측은 김광협 동지가 이끌고 있었다. (포파 대사는 어느 측이 먼저 초청했는지는 언급하지 않았다.)
　[…]

양측은 당, 정부, 민간 차원에서 관계발전을 동의했다. […] 또한 관계를 개선하기 위한 양측의 노력을 강조했다.
　[…]

양측 대표단은 사회주의 건설의 업적을 상호 간에 알렸다. 이 문제와 관련하여 루마니아 측이 모든 사회주의 국가들은 그들의 상황에 맞게 독자적인 방법으로 사회주의를 건설해야 한다고 지적했다. 굴종에 대해서는 단호한 행동이 취해져야 한다면서 다른 국가의 건설 방법이나 경험을 기계적으로 모방하는 것은 용인하기 어렵다고 말했다. 루마니아 측은 북조선 대표단에 12월에 열린 루마니아공산당 대회에 대해 통보했다.

[…]

루마니아 대표단은 핵확산방지조약(NPT)에 대한 그들의 견해를 상세하게 설명했다. 양측은 핵 능력을 보유한 강대국들은 약소국이 평화적 목적으로 핵에너지를 사용할 것을 보장해야 한다고 의견을 같이했다. 비확산 조약의 결과 약소국이 손해를 봐서는 안 된다는 것이다.

[…]

까더쉬 이슈뜨반(Kádas István) 대사

북조선 주재 헝가리 대사관에서 외교부로 보낸 보고

첨부 2 : 정보 보고,
'1968년 4월 9일 저녁 만찬에서 박성철 동지와의 대화' (1968년 4월 27일)

문건번호: MNL, XIX-J-1-j Korea, 1968, 58. doboz, 2, 002374/1968.

[…]

4) 박성철은 푸에블로호 나포에 대해 언급했다. 그는 납치부터 현재까지 일어났던 일들에 대해 일일이 설명했다. [오직] 5명의 조선인민군 병사에 의해 행동이 취해졌다고 주장했다. 그는 미국의 군사적 조치에 대해 말했다. 이후 그는 우리[헝가리사회주의로동당 중앙위원회 대표단]에게 비밀협상 과정에 대해 언질을 해주었다. 현재 미국이 사과를 원하지 않고 그렇게 하는 게 어렵기 때문에 협상은 답보상태이다. 미국은 여러 가지 핑계를 대고 있고 보복을 언급하며 [북조선을] 계속해서 위협하고 있다. 당분간 북조선 측은 그들의 조건을 고수할 것으로 보인다.

5) 제3세계 지원과 경제적 원조에 관한 문제가 제기됐다. 사회주의 국가들이 제공한 지원이 충분치 않다고 언급하면서 박성철은 이 문제를 비판했다. 그는 차관이 충분치 않고, 통상 가격이 높고, 상품의 질이 좋지 않다고 비판했다. "사실, 이는 이상주의적이고 실행하기 어렵지만 만약 공산주의 국가에 사는 10억의 인민이 1시간 더 일하고 보수를 제3세계 국가 지원을 위하여 전용한다면, 이는 큰 원조가 될 것이다"라고 그가 말했다.

이후, 헝가리사회주의로동당 중앙위원회 총서기인 뿔러이(Pullai) 동지가 다른 중요한 문제들—예를 들어 원조의 불충분한 이용, 분산된 원조, 다른 국가보다 덜 원조하려는 노력 등등—이 있다고 언급했고 실제로 정말 어려운 다른 문제들이 있다고 예를 들어 설명했다. 그는 과도하며 허풍적인 진술, 종합운동장과 호텔 건설에 관한 문제, 제3세계 국가의 인민들이 일하기를 원하지 않는다는 사실을 비판했다. 결과적으로 어떤 국가에서는 북조선이 차관을 제공한 도자기 공장 건설에 5만 루블 대신에 10만 루블이 들었다. 그는 실제 하지 않는 요구들도 많이 있고 어떤 국가들에서는 지도자들이 부패한 것을 알 수 있다는 사실에 동의했다. 마지막으로 그는 신중함이 절대적으로 정당화되어야 하고 사회주의 국가들의 기회가 제한되어서는 안 된다고 논의했다.

6) 그는 체코슬로바키아에서 일어난 사건들에 대해서 질문했다. 뿔러이 동지는 몇 가지 특징들을 설명했다. 박성철의 염려가 적절하기는 하지만, 체코슬로바키아당은 노련하고 상황은 통제되고 있는 듯하다. 우리가 해야 할 일은 체코 당을 믿고 지원을 보내는 것이다. 긴 대화가 진행됐고 대화 도중 박성철은 피상적인 측면에서 같은 소리를 반복했고 언론에서 언급된 문제들을 격렬하게 비판했다. 조선식의 습관적 자기 확신에 차서, 그는 체코슬로바키아 당의 선도적인 역할 부재, 프롤레타리아 독재가 가지는 강압적인 면의 불충분한 활용, 체코의 빈약한 사상교육 등을 비난했다. 이후 그의 논의는 사상 교육과 인간의 의식에 대한 찬양으로 이어졌으며, 특히 후자를 유일한 보완적 [힘]으로 묘사했다. 자의식이 강한 사람은 어떤 역경도 이겨낼 수 있다는 것을 설명하기 위하여 잘 알려진 예를 들었다. 이러한 관점과 대화의 전체적인 맥락에서 문제의 단순화와 결과적으로 기본적 문제에 대해 북조선이

올바른 정책을 취하고 있다는 북조선의 자기만족이 강하게 드러났다. 뿔러이 동지의 침착한 논법과 문제 묘사로 인해, 박성철은 자신을 진정시켰고, 마지막으로 체코슬로바키아의 일은 내부 문제이며 문제가 잘 해결되기를 희망한다고 언급했다. [⋯]

까더쉬 이슈뜨반(Kádas István) 대사

1968년 3월 27일부터 4월 2일까지, 헝가리-조선 기술-과학 협력 위원회 회의에 관한 보고
(1968년 4월 16일)

문건번호: MNL. XIX-J-1-j Korea, 19.

[…]

북조선이 지금까지 대규모 수력발전소를 건설해왔지만 […], 여전히 상당한 에너지 문제로 고생하고 있다. 에너지를 절약하기 위해 발전소가 매일 번갈아 가며 쉬고 있다. […]

수력발전소보다 화력발전소 건설에 비용이 덜 드는 것을 고려했을 때, 북조선은 최근 에너지 문제 해결을 위해 화력발전소 건설을 계획하고 있다. 화력발전소에서는 발전을 위해 무연탄이 사용되며, 북조선의 무연탄 매장량은 상당하다. 사실 이러한 방법으로 전력을 생산하기 위해서는 보다 많은 비용이 소요되나—투자가 없기 때문에— 현재의 심각한 전력 부족을 해결하기 위해 다른 대안이 없다.

[…]

야보르 에르빈(Jávor Ervin) 박사
헝가리-북조선 기술과학협력위원회 위원장

북조선 주재 헝가리 대사관에서 외교부로 보낸 보고

첨부 5 : 정보 보고, '뿔러이 동지의 김일성 동지 방문' (1968년 4월 27일)

문건번호: MNL, XIX-J-1-j Korea, 1968, 58. doboz, 2, 002374/1968.

헝가리사회주의로동당 중앙위원회 대표단과 조선로동당 중앙위원회 간에 1968년 4월 9일에서 10일까지 이틀 간 가졌던 대화 이후, 4월 10일 오후 5시 30분에 조선로동당 중앙위원회 총서기인 김일성 동지가 조선로동당 중앙위원회 건물에서 헝가리 당 대표단을 접견했다.

참석자는 다음과 같다.

헝가리대표단:
뿔러이 아르빠드(Pullai Árpád, 헝가리사회주의로동당 중앙위원회 총서기)
제네쉬 언드라쉬(Gyenes András, 헝가리사회주의로동당 대외연락부 부부장)

조선로동당대표단:
박성철(조선로동당 중앙위원회 위원)
김영남(조선로동당 중앙위원회 외교부 부부장)

북조선 측의 초대로 대사 까더쉬 이슈뜨반(Kádas István) 및 대사관 관료 꺼르셔이 러요쉬(Karsai Lajos)와 에뜨레 샨도르(Etre Sándor) 참석.
[…]

김일성 동지가 헝가리 대표단의 방문과 양국의 우호당이 부다페스트에서 가졌던 자문회의에 관한 정보에 감사의 인사를 했고, 그가 이미 양국 대화에서 논의된 주제에 대해 더 언급할 말이 없다고 강조했다.

[…]

"이곳(북조선)의 내부 분위기는 나쁘지 않고 좋은 편이라 할 수 있다"면서 김일성이 말을 이었다.

춘계 농업이 시작됐고 잘 진행되고 있다. 그러나 강우량이 좀 더 많다면 더 좋을 것이다. 부족한 강우량은 산업계에도 장애가 되고 있다. 아직 화력발전소가 충분하지 않고 수력발전은 수량과 강우량에 민감하다. 다른 문제들도 있으나 우리는 계획했던 경제계획을 달성할 수 있을 것으로 예상한다. 이러한 관점에서 우리의 상황은 나쁘지 않다.

모든 사회주의 국가들도 이런 저런 문제점을 가지고 있고 우리 역시 예외는 아니다. 이는 자연스러운 일이라 생각된다. 우리는 이러한 어려움이 성장과 발전에서 오는 어려움이라 생각하고 있으며, 이러한 어려움들은 해결될 수 있을 것이며 실제로 그렇게 할 것이다. 이러한 점에서 역시 우리의 상황은 나쁘지 않다.

미 제국주의자들이 푸에블로호 사건에 대해 야단법석을 떨었으나 이 문제는 점점 조용해지고 있다. 미국은 원산을 폭격하고 강제적으로 납치된 푸에블로호를 되찾거나 파괴할 것이라며 [우리]를 위협했다. 우리가 미국에 그들의 위협을 두려워하지 않고 미국의 보복에 대한 보복을 행할 것이라고 말했기 때문에, 현재 미국은 위협하는 것을 중지했다. 어떠한 결과가 도출되었는가? 판문점에서 협상이 시작되었다. 우리의 주권을 침해했고 함선과 선원이 나포된 푸에블로호의 석방에 대해 미국과 협상 중이다. 북조선은 오직 한 가지 요구만을 해오고 있다: 미국이 저지른 불법에 대해 사과해야만 한다는 것이다. 만약 그렇게 하지 않는다면, 함선이나 선원들의 귀환은 없을 것이다. 우리는 두 달 이상 선원들에게 음식과 필요한 물품을 제공해왔다. 우리는 선원들의 노동을 통해 우리가 사용한 경비를 충당하게 할 것이다. 물론 협상은 여전히 진행 중이다. 당분간 누구도 협상의 결과를 예상할 수 없을 것이다. 미국은 그들의 강대국으로서의 위상에 너무 높은 가치를 부여하고 있고, 이로 인해 우리에게 사과하기를 원치 않는 것처럼 보인다. 그러나 우리의 결정은 정당하고 확고하다: 만약 미국이 사과하지 않는다면 아무것도 얻지 못할 것이다. 어찌 되었건, 북조선의 함선이 미국의 해안을 따라 첩보활동을 한 것이 아니라 미국의 함선이 북조선의 해안에서 첩보활동을 한 것이다. 우리는 푸에블로호의 선원들을 우대했기 때문에, 현재 그들이 어떠한 능력이나 자질들을 가지고 있고 그들에게 어떤 종류의 노동을 시키는 것이 적합할지 연구하고 있는 중이다.

[…]

우리는 한 가지 분명한 사실을 절대 잊지 않는다: 제국주의자들은 전술을 사용하고, 우리 모두 및 사회주의의 모든 힘에 대해 음모를 꾸미고, 아무 생각 없이 군비를 증강시키고 있다. 유럽에서는 모든 국가들이 독일이 통일되도록 상황을 수습하고 있다. 그러나 아시아의 상황은 다르다. 유럽에서는 소위 평화적이고 정치적인 방법들 및 냉전적 방법을 이용해 제국주의자들이 공세를 펴고 있는 데 반해, 아시아에서 그들은 주로 노골적인 군사적 행동과 위협이라는 전술을 이용한다. 물론 아시아에서도 무력적인 것뿐만 아니라 정치적 방법을 이용하기도 한다. 그들은 세계적으로 오직 하나의 목적만을 가지고 있는데, 그것은 모든 인민들을 굴복시키는 것이다.

우리(북조선)의 경우, 제국주의자들이 무력 위협이라는 전술을 이용한다. 미군이 남조선에 주둔하고 있고 우리와 싸울 준비가 되어있다. 노골적인 제국주의적 무력 침범행위가 베트남인민들에게 가해지고 있는 중이다. 장제스(蔣介石) 또한 타이완에서 중국인민들을 선동하고 있는 중인데, 그는 중국 본토의 혼란 상황을 이용하기 위해 최선을 다하고 있다. 최근 타이완은 중국 후방에 대규모의 첩보원을 배치했고 중국에서의 사건이 무력 충돌로 악화될 것이라는 우려가 높다. 중국의 반마오쩌둥 세력을 고려할 때, 부분적으로는 이들이 중국본토에 기반하고 있기도 하지만, 부분적으로는 장제스 파에 의해 고용되거나 파견된 외부세력들도 있고, 외부 세력과 내부세력이 서로 섞여 있다는 것을 알아야만 한다.

우리의 관점으로는 현재 우리 공산주의 국가들은 실수나 과오에 대해 서로를 헐뜯을 여유가 없다. 반대로 우리는 이용 가능한 모든 수단과 형태로 서로를 도와야만 하고 서로에게 반제국주의적 투쟁심을 고취시켜야만 한다. 이러한 관점에서 우리는 사회주의 세력의 힘과, 협력, 일치를 강화하기 위하여 최선을 다하고 있다.

[…]

까더쉬 이슈뜨반(Kádas István) 대사

북조선 주재 헝가리 대사관에서 외교부로 보낸 보고

(1968년 6월 3일)

문건번호: MNL, XIX-J-1-j Korea, 1968, 57. doboz, 1, 002815/1968.

[…]

루마니아 대사와 (2등 서기관) 이시도르 유리안(Isidor Urian)은 지난 2~3주간 베트남 동지들과 3번이나 회동했다. 남베트남 민족해방전선(NLF, National Liberation Front of South Vietnam)의 대표와 부대표의 조선반도 상황에 대한 견해를 다음과 같이 대략적으로 요약했다.

북조선은 적절한 시기를 놓쳤다; 지금은 무장 투쟁을 통해 남조선을 해방시켜야 한다는 것을 오랜 기간 미루고 있는 것 같다. 게다가 북조선이 적절한 시기를 놓친 이유는 북조선이 북조선과 남조선의 세력균형을 인식하고 있거나 혹은 당분간 미국이 조선반도에서 베트남과 같은 전쟁을 원치 않는다는 것을 북조선 동지들이 인지하고 있기 때문이다; 일반적으로, 특히 푸에블로(Pueblo)호 사건 이후 북조선은 극도로 방어적 준비를 하고 있고 모든 비상상황을 고려하고 있다; 조선인민군은 현대화를 진행 중이다; 소련 동지들이 북조선 측에서 필요로 하는 것들을 지원하지 않아 크게 문제가 되는 와중에도, 북조선은 자동차, 탱크, 다양한 경·중화기, 미사일 등을 생산하고 있다. 예를 들어 북조선이 여전히 전차포 안정장치[제조]의 기술적 결함을 해결하지 못하는 이유가 여기에 있다.

　[…]

까더쉬 이슈뜨반(Kádas István) 대사

북조선 주재 헝가리 대사관에서 외교부로 보낸 보고

(1968년 11월 15일)

문건번호: MNL, XIX-J-1-j Korea, 1968, 58. doboz, 2, 003852/1968.

[…] 잘 알려진 대로, 올해 일본공산당의 대표단이 북조선을 방문했다. […]

불가리아 대사—그는 도쿄의 불가리아 대사관에서 정보를 획득했는데—로부터의 정보에 따르면, 일본공산당과 조선로동당 사이에 확실한 의견 차이가 있다. 불가리아의 정보에 따르면 일본 측은 북조선 동지들이 남조선에서 전복활동을 벌이기 위하여 남조선후방에 첩보원을 파견하는 것과 이를 위해 일본 영토를 이용하는 것을 반대했다. 일본 측은 휴전선에서의 북조선의 계획을 인정하지도 않았다. 추측하건대, 이 문제는 북일 간 당 대화에서도 이미 제기가 되었던 것이라고 불가리아 대사가 말했다. 조선민주주의인민공화국 건국 20주년과 관련해 조선로동당 지도자들의 최근 언급이 암시하는 것은 북조선 수뇌부가 통일과 관련해 일본 동지들에게 북조선이 앞서 가지고 있던 관점이 옳다는 것을 확신시키기 위하여 또는 일본의 관점을 차용하기 위하여 북조선의 평화적 의도를 강조한다는 것이다.

이전의 상황과 비교하여 근래 북조선 언론은 북일 간 당 관계 발전에 문제가 있다는 것이 나타나는 일본공산당과 그들의 투쟁에 관한 정보나 기사를 내지 않는다. 역시 일본 군국주의의 부활과 관련한 기사도 내지 않고, 이전 기사에서 하던 것과 마찬가지로 이와 관련된 일본공산당의 견해 그리고 일본공산당 투쟁을 적극적으로 지지한다는 언급도 하지 않는다.

그러나 북조선은 일본공산당과 공개적 논쟁을 시작하지는 않고 있다. 본국으로부터 얻은 정보에 기반 하자면, 체코슬로바키아 문제를 정리하기 위하여 취해진 조치와 관련한 일본공산당의 견해가 우리에게 알려졌다. 우리가 아는 한 조선로동당은 일본공산당과 견해를 같이하고 있지 않다.

최근 에뜨레(Etre) 동지는 이전에 조선로동당과의 우호 협력을 거리낌 없이 언급했던 아카하타(Akahata, 赤旗)의 평양 주재 특파원과 대화를 가졌다. 그는 북일 간의 문제에 대해 견해를 표명하는 것을 싫어했다.

까더쉬 이슈뜨반(Kádas István) 대사

북조선 주재 헝가리 대사관에서 외교부로 보낸 보고

(1969년 1월 28일)

문건번호: MNL, XIX-J-1-j Korea, 1969, 60. doboz, 001360/1969.

우리는 남조선의 저항 운동과 관련해 북조선 지도자들의 언급이 점점 더 객관적이 되어 간다는 것을 목도해왔다. 일례로 이러한 객관적인 어조는 이미 1968년 9월에 김일성 동지의 공식 연설에서 인지할 수 있었다. […] 가장 최근에는 1월 8일에 외교부 부부장 김재봉이 체코슬로바키아 대사대리 호르제네브스키(J. Horzenevsky) 앞에서 객관성에 관하여 다음과 같은 주목할 만한 언급을 했다.

a) 조선로동당은 외부적이건 내부적이건 간에 남조선의 상황과 남베트남의 상황을 동일시하려는 어떠한 시도에도 반대한다. 여기저기에 꼭두각시 정권이 있고, 미국이 여기저기에 있으며, 유격대 투쟁 역시 여기저기서 진행되더라도 각각의 관점에서 차이는 분명하다. 남조선의 괴뢰정부는 당분간 강력할 것이다. 지금 미국의 역할, 그리고 특히 그들 행동의 본질은 남조선에서는 다르며, 누구나 남조선유격대 투쟁 조직과 투쟁의 정도를 베트남의 그것과 동일시 할 수는 없다.

b) 남조선과 남베트남의 유격대 투쟁 조건과 일반적 애국세력 투쟁 또한 같지 않다. 남조선에는 정글이 없어 은폐에 적합하지 않은 환경이다. 게다가 남조선에서 혁명이 무르익어가는 과정에 있을 뿐, 당분간은 혁명적 환경이 연출되기 어렵다. 남조선에는 베트남민족해방전선(National Front for the Liberation of Vietnam, NLF)에 견줄만한 정치적, 군사적 조직이 없다. 결국 남조선애국자들과 유격대들의 특별한 전술이 있다: 무엇보다도 정치적 교육과

특히 시골지역의 노동자와 농민을 동요시키는 것과 같은 것이다. 당분간 이러한 활동이 대도시에서 행해지지 않을 것이다. 반면에 소위 괴뢰정부의 태평함과 미국 점령자들을 혼란시키려는 목적으로 무력투쟁이 몇몇 지역에서 계속되고 있으며, 이는 선의의 애국적 요소를 고취시키며 각각의 조직을 위한 준비를 강화시키는 소규모 조직별로 행해지고 있다.

[…]

동독대사관 2등 서기관인 자르크(D. Jarck)가 외무부 부장 박성철이 동독대사 헹케(G. Henke) 앞에서 1월 초에 했던 것과 비슷한 발언을 했다는 정보를 나에게 줬다. […]

1968년 11월에 열린 조선로동당 중앙위원회 회의에서 1968년 가을에 있었던 남조선에서의 유격대 투쟁의 결과로 얻은 경험이 상기 언급된 진술에 따라 생각될 가능성이 높고 또한 지금까지 알려진 인사이동(새로운 국방, 공안 그리고 수산부 부장들의 임명)도 이 문제와 연계 됐을 가능성이 높다.

까더쉬 이슈뜨반(Kádas István) 대사

쿠바 주재 헝가리 대사관에서 외교부로 보낸 보고

(1969년 1월 29일)

문건번호: MNL, XIX-J-1-j Vietnam, 1969, 91. doboz, 1, 00412/3/1969.

1968년 초 베트남과 미국의 협상 가능성에 관한 뉴스가 쿠바공산당의 믿을 만한 뉴스 요약에서 대대적으로 보도됐다. 대조적으로 쿠바 신문들은 한정된 예비 회담가능성만을 보도했다. 이러한 보도는 베트남 상황에서 예상 가능한 새로운 변화가 쿠바지도부의 불편함을 야기했다는 것과 베트남에 대한 쿠바의 행동을 변하게 했다는 것을 보여주고 있다.

2월 중순에 피델 카스트로(Fidel Castro)가 이끄는 쿠바공산당 정치국에서 베트남민족해방전선 대표단의 지도자와 이후 북베트남 대사와 논의를 했다는 것은 주목할 만한 사건이었다. 상기 논의에 관련된 공식성명에서 카스트로가 영웅적이고 단호한 저항을 벌이고 있는 베트남 인민들이 전 세계적 혁명운동에 매우 가치 있는 일조를 하고 있고 쿠바 혁명에 활기를 불어넣고 있다는 것에 대해 반복적으로 확신을 표했던 것이 강조되고 있다. 특히 지난 몇 개월 간 이뤄낸 베트남의 군사적 성공은 베트남 인민들이 최종적으로는 제국주의를 격퇴할 것이라는 점을 보증하고 있다고 공식성명에서 밝히고 있다.

쿠바 언론은 북베트남 대사와 베트남민족해방전선의 대표가 논의 중 밝힌 견해를 기사화하지는 않았지만, 아마도 협의과정에서 베트남의 견해에 관해 쿠바 지도자들에게 정보를 제공했을 것이다.

쿠바 측은 전술한 회담 이후에 베트남과 미국 관련 이슈로 되돌아 왔다. 대화 중 베트남민족해방전선 대표단의 담당관인 보순칸(Vo Sun Can)이 쇼오쉬 이슈뜨반(Soós István) 동지에게 정치위원회의 지도부가 베트남민족해방전선 대표단장과 북베트남 대표단에게 무장투쟁을 계속해나가는 것과 미국에 대해 군사적 승리를 거두는 것이 얼마나 중요한지를 반복적으로 설명했다고 말했다. 쿠바지도자들은 모든 종류의 투쟁을 계속하기 위해 모든 종류의 지원을 했고, 이와 동시에 협상은 단지 미국 선거를 위한 하나의 책략일 뿐이고 또 한편으로는 베트남의 혁명 정신을 꺾기 위한 것이고 이를 통해 미국이 군사적으로 우위를 확보할 수 있다는 것을 증명하기 위해 최선을 다했다. 쿠바 측 논지는 베트남 측에 효과가 없었고 [쿠바 측에 의한] 논지의 인식은 양국의 관계에 [부정적] 영향을 미쳤다.

8월 이래로 [쿠바-베트남]의 관계 변화의 양상은 좀 더 격해졌다. 1968년 초반에 투쟁 중인 베트남 인민과의 완전한 연대를 촉구하던 하바나 및 다른 도시들에 범람하던 베트남과 관련된 다양한 현수막이 점차적으로 사라졌다. 나는 여기서 두 가지 예를 강조하고 싶다. 북베트남이 남베트남에서 해방시킨 지역을 보여주던 몇 미터짜리 네온 등으로 만들어진 상세지도가 하바나의 가장 큰 호텔 맞은편에 있는 라디오 센트로 씨네마(Radio Centro Cinema)에 걸려 있었다. 하바나의 최고 번화가에는 베트남에서 격추된 미국의 항공기 수를 보여주는 몇 미터짜리 옥외 게시판이 있었다. 지도는 이미 철거됐고, 게시판은 격추된 비행기 수 대신에, 봄, 가을 농사 중에 3,300 카발레리아(Caballeria, 역주: 쿠바의 토지 단위)지역에 사탕수수를 경작해야 한다는 사인이 있는 현수막으로 교체됐다.

실제로 하바나에는 베트남과 관련한 현수막들이 사라지고 있으나, 전에 비해 현저하게 적은 숫자이긴 하나 베트남에게 쿠바와의 연대가 아닌 쿠바의 믿음을 확신시키는 의미의 냉담한 벽보들이 있다.

베트남과 관련된 마지막 프로파간다적 조치는 10월 하바나에서 열린 '제2차 베트남에서 미국의 학살에 관한 심포지엄'이었고, 여기에 참석하기 위해 북베트남 대법원장(the chair of the DRV Supreme Court)이 이끄는 대표단이 쿠바를 방문했다. 베트남민족해방전선 대표단의 지도자는 베트남민족해방전선 중앙위원회 멤버이며 또한 베트남민족해방전선 하바나 대표단을 이끌었다.

쿠바에게 베트남 문제의 해결은 굉장히 광범위한 문제이다. 즉 베트남전은 쿠바지도부에게 이데올로기적으로나 정치적 의미에서 진정으로 이치에 맞는 요인이었다. 쿠바는 베트남전을 인민들의 영웅적인 저항과 게릴라전으로 저개발국가가 적어도 국지적으로는 혼자서 미군을 격퇴할 수 있다는 그들의 견해에 대한 증거로 간주하고 있다. 쿠바 측 구상에 따르면 "두 개, 세 개, 많은 베트남들!"이라는 구호의 실현은 기본적으로 미국의 군사적 토대를 약화시킬 것이고, 이는 라틴 아메리카 인민과 더 나아가 제3세계 전체가 해방될 기회가 될 수 있다는 것이다. 즉, 세계적 혁명을 조장하려는 쿠바의 생각은 투쟁 중인 베트남이 있어야 실현되는 것이다.

쿠바의 관점에서 베트남전은 장기적으로 봤을 때 또 다른 불리한 면이 있다는 것, 즉 북베트남이 주장한 4가지 점과 베트남민족해방전선이 주장한 5가지 점에서 쿠바의 생각과 일치하지 않는 것을 지적하는 것은 중요하다. 쿠바 측과 반대로, 베트남은 그들의 투쟁에서 그들의 국익의 한도를 넘어서지 않으려고 하고 있다. 비록 베트남 측이 여러 포럼에서 전술한 체게바라(Che Guevara)의 구호에 동의를 표명했지만, 북베트남 및 베트남민족해방전선 선언의 세 번째 요점은 각국의 인민은 당면한 문제에서 스스로 각자의 운명을 결정해야만 한다고 명확히 하고 있기 때문에, 동의를 표한 것은 예의상 그러했을 것이다. 이러한 관점에서, 전체 라틴

아메리카는 하나의 조국을 구성하고 있고 이의 실현은 '두 개, 세 개, 많은 베트남들'을 만들어냄으로써 이루어져야 한다는 쿠바의 견해는 역설적인 것처럼 보인다.

베트남민족해방전선의 정치 프로그램 5번째 요점('평화, 중립, 평화적 공존' 등등)과 이러한 원칙에 동의하지 않고 조소하는 쿠바의 정치적 개념 사이의 또 다른 모순이 있다.

전술한 관점들에서의 모순을 고려해보면, 베트남전의 해결을 위한 협상이 중심 주제가 될 수 있는 베트남과 쿠바 간 대화나 논의에 토대를 제공할 결정적이고 상호적 이익이 존재하지 않는다는 것이 명확해진다.

북베트남대사관과 베트남민족해방전선의 위원들과 대화한 후, 쇼오쉬 이슈뜨반 동지는 쿠바가 협상과 관련된 문제에서 어떻게 반응했는지를 물었다. 북베트남 대사관의 1등 서기관과 베트남민족해방전선 대표단의 대표 대리가 쇼오쉬 동지에게 베트남 측이 미국과 협상을 시작한다는 것에 대해 쿠바 정치국 몇몇 위원들이 동의하지 않았다고 말했다. 최근—그들이 말하길— 일부 인민들은 이미 베트남 지도자들이 인민들의 이익에 입각해 행동해야만 하고 주어진 시간에 따라 전략적 목표를 놓치지 않고 전술적 변화를 할 수 있어야만 한다는 것을 이해하기 시작한 것 같다고 했다. 베트남 외교관들은 협상에 반대하는 사람의 이름을 거론하지는 않았다. […]

쇼오쉬 뢰린쯔(Soós Lőrinc) 대사

북조선 주재 헝가리 대사관에서 외교부로 보낸 보고
(1969년 6월 24일)

문건번호: MNL, XIX-J-1-j Korea, 1969, 59. doboz, 1, 002218/1/1969.

6월 23일에 체코슬로바키아 대사관의 임시대사대리인 호르제네브스키 (Horzenevsky) 동지가 나에게 중조관계 발전에 관하여 정보를 주기 위해 방문했다. 이후 6월 24일에 호르제네브스키 동지가 에뜨레(Etre) 동지를 접견했고, 여기서 양국 관계에 관한 좀 더 확실한 정보를 제공했다. 호르제네브스키 동지는 그가 정보를 얻기 위해 중국 대사관의 임시 대사대리와 접촉해온 것은 소련 동지들의 요청에 의한 것임을 강조했다. (**우리의 코멘트:** 소련 대사관의 임시 대사대리가 최근 우리 대사관을 방문했고 그는 소련 지도부와, 물론 이곳의 소련대사관도 중국 외교정책과 연관된 정보에 관심이 많다고 말했다.) 6월 20일에 체코슬로바키아 임시대사대리는 중국 임시대사대리, 알바니아 대사, 루마니아 대사를 위해 저녁만찬을 주최했다. 저녁 만찬에서 중국 외교관(그는 통역 없이 참석했고 러시아어를 했다)은 몇 가지 질문에 답했고 호르제네브스키 동지가 그의 진술을 다음과 같이 요약했다. (**코멘트:** 지금까지 그는 오직 소련 대사관과 우리 대사관에 다음의 정보를 제공했다.)

1) 중조 상호간 협약
   - 중국은 크루드 오일, 코크스용 석탄, 다른 중요 원자재를 전보다 덜 보냈다. 그러나 이는 중국 내부 문제와 관련되어 있다(생산

과 수입 부족). 동시에 [중조 무역] 총량은 기본적 물품의 가격이 올랐기 때문에 지난해에 비해 감소했다.

- 양국의 군사협력이 계속해서 단절되어 있지는 않을 것이다. 최근 중국 전문가 대표단이 북조선을 방문했다. 중국 전문가들은 선적품과 함께 도착했는데, 그들이 가져온 물품은 미그기 및 탱크의 부속품과 예비부품들이었다.

2) 양국 관계의 전개

a) 현재—이론적으로— 평양의 중국대사관 월급명부에 12명의 외교관이 있다. 그들 중 오직 4명만이 대사관에 있고 나머지는 본국으로 소환됐으나 이러한 사실이 북조선의 외교부에는 아직 알려지지 않았다. 중국은 12명에 더해 우선 비어 있는 직위를 충원하고 다음으로 새로운 인원을 배치함으로써 멀지 않은 시일 내에 외교관 숫자를 늘리려고 하고 있다. 대사는 북조선으로 돌아가지 않을 것이다; 새로운 중국대사가 평양으로 부임할 것이다(아마도 중국 국경절 이전에). 대사관의 전체 인원도 교체될 것이다.

b) 중조 국경선에서의 상황은 전반적으로 조용하지만 모든 것이 순조롭다는 것을 의미하지는 않는다. 소련 최고회의 의장인 포드코니(Podgony)가 북조선을 방문하는 동안 특히 백두산 지역의 국경선 상황이 상당히 악화됐었다. 그 당시 도발도 있었다. 이러한 도발은 군사적이기보다는 정치적 성격이 강하다. 중국 측은 정치적 소재를 확산시키고, 북조선 영토에 선전물을 보내고 있다. 이는 중국 측이 북조선 인민들에게 정치적 프로파간다를 수행하려는 것이 아니라 거기에 거주하는 중국인들을 보호하기 위함이다. 중국 측의 평가에 따르면, 이러한 사건들의 결과로 인해 이 지역에 살고 있는 북조선 측 지역 지도자들 사이

에 상당한 불안감이 감지되고 있다. 중국은 1956년에 시작한 영토 요구를 재개했다. 외교부 부부장을 통하여 중국 외교부는 베이징 주재 북조선 대사관에 메모를 전달했고, 메모의 요지는 다음과 같다: 만약 북조선 측이 1956년 중국의 요청(영토에 관한 것이고 주로 중국인이 거주하는 백두산 및 인근 지역)에 응하지 않을 경우 힘으로라도 요청을 관철할 것이다.

c) 북조선의 외교부는 유리 진열장의 프로파간다 게시물을 제거할 것과 모든 외교 대표는 이러한 북조선의 요구를 받아들였다는 것을 언급하면서 평양에 있는 중국 대사관에 37차례 강력한 항의를 했다. 중국은 만약 베이징 주재 북조선 대사관이 비슷한 조치를 취할 경우 유리 진열장의 프로파간다 게시물을 제거할 것이라고 대응했다. 그러나 북조선은 상호주의 원칙을 받아들이지 않았고, 현재 [중국 대사관이 설치한] 진열장에는 여전히 프로파간다 소재가 게시되어 있다.

d) 최근 북조선의 북쪽 지역 혜산에 소재한 중국학교가 다시 문을 열었다. 북쪽의 다른 지역에서도 중국어 수업이 개설되었고, 중국인 선생이 학생을 가르친다. 북조선은 평양에서의 중국학교 재개교를 금지했다. 북조선 측은 어쨌든 평양 주재 중국 대사관이 이미 학교를 운영하고 있고 거기에는 많은 중국인 학생들이 다니고 있으므로 새로운 중국학교를 개교하는 것은 필요치 않다고 언급하고 있다. 북조선 측이 중국 측에 설명한 대로 중국학교들이 마오쩌둥의 사상 확산과 프로파간다를 위해 사용되기 때문에 북조선의 다른 지역에서 새로운 중국학교를 설립하는 것은 불가능하다. 북조선 측은 북조선의 몇몇 도시에 중국의 프로파간다 센터 설립을 동의하지 않는다. 이러한 학교 설립[중국의 계획]의 실현 가능성은 조선로동당의 노선과 충돌할 것이다.

e) 북조선 측은 중국 대사관이 시골 지역에 거주하는 중국인과 접촉을 유지하고, 거기에서 일하는 중국 기술전문가를 방문하는 등의 행위를 하도록 하지 않는다. 예를 들어 중국 기술 전문가들이 혜산의 직조 공장에서 일하고 있으나 대사관의 대표부는 그들과 연락을 할 수 없다.

마지막으로 중국 임시 대사대리는 양국 관계에 문제가 있는 것은 북조선 때문이나 중국 측이 근시일 내에 좀 더 적극적으로 활동할 것이며, 이러한 점에서 양국 관계의 진전이 예상된다고 매우 강조했다.

[…]

까더쉬 이슈뜨반(Kádas István) 대사

소련 주재 헝가리 대사관에서 외교부로 보낸 보고

(1969년 11월 12일)

문건번호: MNL, XIX-J-1-j Korea, 1969, 59. doboz, 1, 001607/4/1969.

새로운 북조선 주재 헝가리 대사인 셰베쉬친 예뇌(Sebestyén Jenő) 동지가 부임지로 가던 중 모스크바에서 잠깐 시간을 보냈다. 모스크바 체류 중이던 이번 달 10일에 그는 [⋯] 북조선에서 참사관으로 일했던 [⋯] 오코니쉬니코프(O. V. Okonishnikov) 동지 및 소련 외교부 극동지역국 국장인 리카체프(V. I. Likhachev) 동지를 방문했다. [⋯]

소련과 다른 사회주의 국가들이 견지한 올바른 관점을 위하여, 소련 측은 국제정치의 주요 쟁점에 대하여 우리가 견지하는 태도에 북조선이 근접하도록 하기 위해서는 인내심 있고 끈질긴 설득이 필요하다고 강조했다. 그러나 이는 쉽지 않은 일이다. 소련 측은 핵확산방지조약에 관한 소북논쟁을 예로 언급했다. 소련 측은—핵무기 제조에 필요한 산업 및 기술 기반이 있는—일본이 핵무기를 획득했을 경우를 들어 이것이 긍정적일지 부정적일지 북조선이 판단해보라 요청했다. 이럴 경우, 북조선이 핵확산방지를 정당하다고 인지하는 것이 당연했지만, 대체로 그들은 그렇지 않았다(북조선은 은밀하게 중국의 입장을 지지했다).

[⋯]

[서명] (대사)

북조선 주재 헝가리 대사관에서 외교부로 보낸 대화록
(1969년 11월 29일)

문건번호: MNL, XIX-J-1-j Korea, 1969, 59. doboz, 1, 001365/6/1969.

올해 11월 12일에 수다리코프(Sudarikov) 소련 대사가 불가리아, 체코슬로바키아, 폴란드, 헝가리, 몽골, 동독 대표단의 대표들에게 다음과 같은 정보를 제공했다.

[…]

2) 11월 7일 [소련] 대사관이 주최한 리셉션에서 박성철과 수다리코프의 대화 중

11월 12일, 외교부 부부장 김재봉이 경제 및 정치적 협상을 위하여 핀란드와 스웨덴을 공식 방문할 것이라고 박성철이 말했다. 곧바로 수다리코프 동지가 이번 방문을 통해 예정된 유럽안보회의에서 북조선의 의견을 표명하는 것이 편리하지 않겠냐고 제안했다. 그는 핀란드와 스웨덴이 아마도 김재봉 동지에게 이러한 이슈에 관해 질문을 할 것이기 때문에 김재봉 동지가 이러한 일정을 준비했을 것이라고 말했다. 다음은 박성철과 수다리코프 사이에 있었던 대화의 내용이다.

박성철: 우리 북조선은 유럽안보회의 전반적 취지를 이해할 수 없다. 유럽안보회의의 목적이 무엇인가? 누구에 대항해 이러한 회의를 조직했는가?

수다리코프: 유럽안보와 관련한 종합적인 것에 대해 당신에게 말해줄 준비가 되어 있다. 나는 우리가 이 주제와 관련해 특별히 회의를 해야 한다고 주장하고 싶다. 내가 생각하기에 여기 리셉션 자리는 소련 정부가 북조선 측에 정보를 제공하고 싶은 세세한 것까지 말하기에는 적합하지 않다.

박성철: 북조선은 유럽에서 평화가 정착되는 것을 반대하지는 않는다. 우리는 누구에 대항해 무슨 목적으로 유럽의 평화가 구축되어야 하는 지와 왜 일부 사람들이 유럽안보가 그렇게 중요하다고 생각하는지를 모르겠다.

수다리코프: 나는 박성철 동지가 이 정도로 정보에 어두울 거라고 생각해보지 않았다. 유럽안보의 정립은 유럽에서의 새로운 전쟁과 세계대전의 발발을 방지하는 방향으로 이루어지는 것이고, 좀 더 구체적으로 미국과 미국의 꼭두각시 서독의 보복에 대항한 것이다.

박성철: 좋은 얘기다. 그러나 만약 미국과 캐나다가 유럽안보에 관한 회의에 참석한다면 어찌 될 것인가? 심지어 서독도 안보회의에서 제외되어야만 한다. 당신은 세계의 인민들이 유럽안보에 관한 회의에 미국이 참석하는 것을 이해할 것이라고 믿는가?! 당신은 큰 실수를 저지르고 있다. 그리고 미국이 참석할 경우 어떻게 세계 인민들을 볼 면목이 있을 것인가? (박성철은 아주 길게 이러한 연쇄적 아이디어를 설명했다.)

수다리코프: 유럽안보회의의 기본적 개념은 모든 유럽의 국가사회적 시스템이나 정치적 성향에 관계없이 회의에 참석하는 것이다. 이러한 개념에 기반 해 만약 서독이 참석했을 경우, 어떠한 근거로 미국과 캐나다를 제외할 수 있을 것인가? 더구나 이들 국가는 제국주의적인 파시스트 독일에 대항해 양차 세계대전에 참전했었다. 또는 유럽의 정세가 전개되는 과정에서 유럽 국가들이 미국과 캐나다의 이익을 무시해야만 하는가?

박성철: 실제로 여기 리셉션 장소에서 이러한 문제에 대해 더 대화를 하는 것은 무의미한 일이다. 그럼에도 당신들 유럽은 다음을 고려해야만 한다. 만약 유럽과 세계의 평화를 원한다면 미국과 모든 제국주의 세력을 고립시키도록 투쟁해야만 한다!

수다리코프 동지의 결론: 북조선 동지들이 실제로 유럽 안보와 관련된 전반에 대해 정보가 부족한 것은 그럴 수 있다. 소련 측은 북조선 동지들에게 유럽안보에 관한 전반적인 정보를 아직 제공하지 않았다. 최근에 북조선 동지들은 유럽과 관련된 문제에 보다 관심을 보이고 있다. 만약 우호국의 대사들이 좋은 시기에 맞춰 유럽안보에 관한 대화를 북조선 지도자들과의 만남 중에 시작한다면 적당할 것이다. 어쨌든 이를 위해 소련은 예정된 박성철의 소련 방문을 활용할 것이다.

11월 7일의 리셉션에서 두 번째 논쟁이 된 주제는 아시아 집단안보체제에 관한 것이었다. 이와 관련해 박성철 동지는 다시 한 번 북조선 측이 이를 이해하지 못하고 누구에 대항해 이러한 움직임을 보이는지 이해할 수 없다는 의견을 피력했다.

수다리코프 동지는 이 문제와 관련해 몇 가지 설명을 했고, 수다리코프 동지의 요지는 다음과 같다. 아시아에 집단안보체제를 구축하는 문제는 일찍이 몇 년 전부터 논의되어 왔다. 그 당시 중국 정부는 이를 지지했다. 당시 저우언라이 동지는 특별 선언을 통해 그의 지지를 표명했다. 즉, 유럽과 마찬가지로 아시아 안보체제는 이러 저런 형태의 안보체제 성립에 찬성을 표명했던 국가들을 상대로 성립되는 것이 아니다. 유럽이나 아시아의 안보체제는 국제 제국주의와 이의 주도세력인 미 제국주의에 대항한 것이다.

[…]

요약: 우호국 대사들의 앞에서 수다리코프 대사는 소련 측이 서로의 일에 관해 우리에게 도움을 줄 수 있기 때문에 제한된 범위의 모임에서 이러한 정보 교환이나 비슷한 형태의 일들을 하는 것이 매우 적절하다고 강조했다. 우리

는 다시 한 번 그와 박성철과의 의견교환에 대해 주목했고, 비록 이런 식으로 얘기하지는 않았지만 그는 박성철이 소련의 주창과 유럽 사회주의 국가들의 촉구에 의한 안보체제가 '반중국적'이라고 믿고 있다고 결론지었다. 또한 수다리코프 대사는 박성철의 태도는 북조선 지도자들 사이에서 특이한 것이 아닌 것 같다고 말했다. 다가오는 소련과 북조선의 외교부 부장급 회담이 이러한 문제들과 관련해 중요할 것이다.

세베쉬친 예뇌(Sebestyén Jenő) 대사

북조선 주재 헝가리 대사관에서 외교부로 보낸 보고
(1970년 5월 5일)

문건번호: MNL, XIX-J-1-j Korea, 1970, 54. doboz, 81, 00843/7/1970.

올해 1970년 4월 24일에 수다리코프 소련 대사가 몽골, 동독, 체코슬로바키아, 폴란드, 헝가리 대사들과 불가리아 대사대리를 실무 오찬에 초대했고 그들에게 저우언라이의 북조선 방문에 대해 다음과 같은 정보를 제공했다.

수다리코프의 요청에 따라 4월 16일에 외교부 부부장 김재봉이 그를 접견했고, 그에게 소련 정부에 전해줄 것을 요청하면서 미리 준비된 서면에 기반한 다음과 같은 공식 정보를 제공했다(수다리코프 동지는 그 정보를 메모했고 현재 오찬에 참석한 이들에게 한마디도 틀리지 않게 말했다).

1970년 북조선을 방문한 중국 고위급 대표단의 문제가 지난 가을 최용건이 베이징을 방문했을 때 제기됐다. 그 당시 중국 측은 북조선 측이 초청한 중국 대표단을 저우언라이가 이끌 것이라고 언급했으나 방문 날짜는 나중에 논의될 것이라고 말했다. 1970년 3월 말에 중국 측은 저우언라이가 평양을 방문할 준비가 됐으나 중국 내정에 관한 그의 광범위한 업무로 인해 방문 기간이 3일 정도로 짧을 것이라고 말했다. […] 방문이 짧았기 때문에 많은 문제들에 대해 토론할 시간이 충분치 않았다. 그들은 양국 관계, 특히 다음의 4가지 문제에 집중했다.

1) 국경 지역 하천 공동 이용

2) 국경 지역 수력발전소의 공동 관리 및 이용을 위해 설립된 공동위원회 업무

3) 장기 무역협약 조인의 필요성

4) 중국과 북조선에 각각 거주하는 북조선 및 중국 국적의 소수민족 공민권 문제

(첫 번째 문제와 관련해 수다리코프 동지는 김재봉이 다음과 같은 의미로 '제방과 해운'을 언급하는 것에 끼어들었다. 중국 측이 최근 국경 지역 하천에 설치한 제방으로 인해 북조선 측 하천의 수량이 줄었고 이는 하천 이용을 방해하며, 다른 제방의 경우 폭우가 내리면 북조선 측 마을과 일부 지역에 침수와 범람을 일으킨다. 동시에 중국 측의 제방 체계는 국경 하천의 해운을 방해한다.)

[…]

회담 중 인도차이나 상황에 대해서도 얘기를 나눴는데, 즉 미 제국주의가 캄보디아에서도 나타나고 있는 상황에 관한 것이었다. **협상 중 이 문제에 대해서는 오랜 시간 토론하지 않았다**[원문에서 강조]. 북조선은 캄보디아와 멀리 떨어져 있고 우리(북조선)는 그 지역 상황에 익숙하지 않기 때문에, 우리는 중국 측이 이 문제에 대해 말하는 것을 듣고자 한다고 말했다. 대화와 공동성명 발표 동안에 북조선 측은 미 제국주의에 의해 감행된 캄보디아 쿠데타가 캄보디아 인민들에게 심각한 위협이 되고 있다고 인식했다. 북조선과 중국은 안보와 독립을 위한 캄보디아 인민들의 투쟁을 지지한다는 것과 [캄보디아 국가원수] 시하누크 공(왕자)의 3월 23일 선언을 지지한다는 것을 확인했다.

[…]

셰베쉬친 예뇌(Sebestyén Jenő) 대사

북조선 주재 헝가리 대사관에서 외교부로 보낸 보고
(1970년 5월 5일)

문건번호: MNL, XIX-J-1-j Korea, 1970, 54. doboz, 81, 00843/6/1970.

[…] 올해 1970년 4월 28일에 북조선 주재 신임 중국 대사인 리원촨(李云川)이 인사차 나를 방문했다. […]

그리고 리원촨 대사는 내 요청에 따라 저우언라이의 북조선 방문 결과를 알려줬다. […]

나는 당신의 질문을 예상했고 기꺼이 정보를 제공하겠다. 우리는 저우언라이 동지의 북조선방문을 매우 성공적이고 중요하다고 생각한다. 북조선 인민들은 그를 크나큰 애정으로 맞이해줬다. […]

협상에서의 두 가지 이슈: 1) 최근 캄보디아와 관련한 인도차이나 문제와 2) 동북아 국가들과 관련된 문제.

[…] 지금까지 베트남과 라오스 인민들뿐만 아니라 캄보디아 인민들도 무기를 들게 됐다. 전반적인 상황은 3개 국가 인민들에게 유리하고 적에게는 불리하게 전개되고 있는 중이다. 저우언라이 동지와 김일성 동지는 협상 중 상기 언급한 첫 번째 문제에서는 완벽히 일치된 견해를 보였다. 이는 또한 공동 성명서와 다음과 같은 결정을 한 데에서도 확인할 수 있

다: 북조선과 중국은 시하누크(Sihanouk)의 5대 발표를 포함해 인도차이나 인민들의 투쟁을 공동으로 지원할 것이다. 나는 대사 동지(셰베쉬친 예뇌(Sebestyén Jenő))가 이에 관한 소식을 들었는지를 모르지만, 어제 저녁 라디오로 4월 24일, 25일 이틀간 인도차이나 인민들의 지도자들, 즉 캄보디아, 라오스, 남베트남, 북베트남 지도자들이 회의를 가졌다는 뉴스를 접했다. 이번 회의에서 지도자들은 최후의 승리까지 미 제국주의에 대항해 투쟁하는 데 있어 서로 협력할 것을 결정했다.

"[…] 일본은 이미 경제적으로 상당히 강한 국가이며, 자본주의 국가들 중 두 번째 경제 강국이다. 작년 일본의 연간 GNP는 1,400억 불이었다. 일본은 현대식 무기를 도입하고, 군사시설과 핵미사일을 개발하면서 끊임없이 육·해·공군력을 강화시키고 있다. 1969년 가을에 사토(佐藤榮作, 수상)는 닉슨과 워싱턴에서 회담을 가졌다; 그들은 협상에 관해 공동 성명서를 발표했다. 미국에서 귀국한 후 사토는 일본의 안보는 남조선, 타이 그리고 동남아시아 전 국가와 불가분의 관계라고 선언했다. […] 평양에서의 회담 중, 북조선과 중국의 지도자들은 이 문제에 대해서도 완벽히 일치된 견해를 견지했고, 이러한 큰 위험에 직면해 북조선과 중국의 우호와 협력을 강화하는 것이 매우 중요하다고 지적했다."
    […] 대화 전반을 통해 중국 대사는 예의 있게 그리고 온건한 방식으로 행동하려고 상당히 노력했다.

셰베쉬친 예뇌(Sebestyén Jenő) 대사

폴란드 주재 헝가리 대사관에서 외교부로 보낸 전보
(1970년 6월 5일)

문건번호: MNL, XIX-J-1-j Korea, 1970, 55. doboz, 81-73/a, 002263/1970.

[…] 이번 달 4일에 [폴란드연합로동당] 국제연락사무소 부대표인 키니키(Kinicki) 동지가 나를 접견했고—그는 제논 클리즈코(Zenon Klizko)가 이끄는 대표단의 위원이다— 나에게 [대표단의 북조선 방문에 대한] 다음과 같은 정보를 제공했다.

[…] 북조선은 *유고슬라비아공산주의연맹(LYC, League of Yugolav Communists)과 관계를 구축하는 것이 가능하다는 의견을 가지고 있다*[원문에서 강조]. 유고슬라비아 측은 바르샤바에 있는 유고슬라비아 대사를 통해 그러한 계획을 했다. 최근 [북조선]은 이탈리아, 프랑스, 노르웨이 공산당과 회의를 가졌다.

폴란드 대표단은 진심에서 우러나오는 따뜻한 환대를 받았다. 김일성 동지 또한 대표단을 접견했고 솔직하고 우호적인 분위기 속에서 대화가 진행됐다.

[…]

소련과의 관계에 관하여 북조선은 *소련 없이는 북조선이 존재할 수 없고*[원문에서 강조] 소련의 무기 제공은 북조선에는 특히나 필수적이라고 말했다. 소련 동지들이 외상으로 예비부품을 팔지 않는다고 불평하면서,

이에 대해 북조선은 그들의 경험을 씁쓸한 투로 말했다[원문에서 강조]. 북조선은 그들의 관점에서 북조선에 부정적 자세를 견지해왔던 흐루시초프(Khrushechev)를 비난했다.

　[…]

　캄보디아 문제와 관련하여, 북조선은 [[캄보디아 수상인 론놀(Lon Nol) 정권과] 외교적 관계를 중단한 세 가지 이유를 언급했다.

　첫째, 1965년 인도네시아의 정치적 변화 이후 북조선은 [인도네시아와] 외교 관계를 중지하지 않았다. 평양 주재 인도네시아 대사관은 남조선을 위해 첩보활동을 하고 있다. [캄보디아 쿠데타]의 경우, 북조선은 인도네시아 대사관과 비슷한 일이 일어날 것을 우려하고 있다.

　둘째, 시하누크는 그의 외교부 부장이 반대했음에도 불구하고 북조선과 외교 관계를 수립했다. 그러므로 이러한 방식으로 북조선이 시하누크를 지지하고 있다는 것을 보여주고자 했다.

　셋째, 북조선은 또한 베트남 동지들의 요청을 고려했다. 동시에 김일성 동지는 캄보디아의 폴란드 대사관의 행동을 칭찬했다.

　[…]

니메티(Némety)

북조선 주재 헝가리 대사관에서 외교부로 보낸 전보

(1970년 8월 7일)

문건번호: MNL, XIX-J-1-j Korea, 1970, 54. doboz, 81-10, 0026/1970.

다음과 같은 정보를 보고한다.

8월 6일에 북베트남 대사관 대사대리가 나를 방문했다. [⋯]

최근 북조선-베트남 관계 진전에 대한 나의 질문에, 대사대리는 새로운 것이 없다고 언급했다. 북조선과 베트남의 관계는 여전히 변하지 않았고, 공세적인 미 제국주의에 대항해 서로의 투쟁을 가능한 상호 지원하는 방향에서 양국의 관계는 좋다고 답했다. 동시에 대사대리가 북베트남 외교부가 7월 20일에 제네바협약 16주년을 기념하기 위한 선언에 관해 언급한 것에 나는 주목했다. 대사대리에 의하면, 북베트남 외교부 선언에서 최근 북조선 동지들이 강조한 '5개의 아시아 국가'의 공동 전선에 관한 북베트남의 견해가 잘 나타나 있다. 그가 말하길, 북베트남의 견해는 바뀌지 않았다; 미 제국주의는 '5개의 아시아 국가'뿐만 아니라 모든 사회주의 국가 및 모든 인류의 적이기 때문에, *"5개의 아시아 국가뿐 아니라 모든 반제국주의 세력 사이에 협력이 필수적이고*[원문에서 강조], 반제국주의 투쟁의 주요 세력은 몇몇 국가의 공동전선으로 국한되는 것이 아니라 모든 *사회주의 진영*[원문에서 강조]을 포함하며, 이는 또한 [북베트남 제1주석] 호치민(Ho Chi Minh) 동지의 궁극적 의지라는 정신으로 투쟁 중인 베트남 공산주의자들의 일치를 위한 것이기도 하다. 대사대리는 내가 북조선 군사대표단의 최근 베이징 방문을 어떻게 평가하는지 물었다. 나는 이번 방문이 단순 외교적 의전이나 답방보다는 더 의미 있다고 답했다. 대사대리는 이번 방문은 4월에 있었던 중조 공동성명의 직접적인 결과라는 그의 의견을 첨언했다. [⋯]

[서명]

북조선 주재 헝가리 대사관에서 외교부로 보낸 전보

(1970년 9월 5일)

문건번호: MNL, XIX-J-1-j Korea, 1970, 54. doboz, 81-52/a, 001331/3/1970.

9월 3일 우호국 대사관의 대사들이 소련대사관에서 회의를 가졌다. 소련 대사는 그들에게 외교부 부부장 말리크(Malik)와 소련 최고인민회의 대표인 키릴 마주노프(Kirill Mazunov) 동지가 이끄는 당과 정부의 대표단이 북조선을 방문했던 정보를 제공했다. 김일성 동지는 8월 9일에 말리크 동지를, 8월 15일(간단한 외교적 프로토콜)과 8월 18일에 마주로프 동지를 접견했다. 대화 중 김일성은 다음과 같이 말했다.

[…] 일본공산당에 관해: 북조선은 일본공산당과 좋은 관계를 유지하고는 있으나 의견에서 중요한 차이가 존재한다. 일본공산당과 조선로동당은 일본의 군국주의 움직임에 대해서 다르게 보고 있다. 일본공산당 지도자들은 일본 군비확장의 위험에 대한 북조선의 주장에 반박해 그러한 위험은 없으며 헌법이 군국주의를 금지하고 있기 때문에 이러한 위험이 불가능하다는 유치한 논쟁을 하고 있다. 공산주의자들보다 일본의 사회주의자들이 이 문제에 대해 좀 더 많은 관심을 기울이고 있다. 이는 일본공산당에 있어 기회주의(혹은 편의주의)적 오류이다.

[…] 그는 계속해서 북조선이 중국이 이를 선호하든지 말든지 간에 소련 및 사회주의 국가들과의 접촉을 강화하는 데 몰두하고 있다고 강조

했다.

우리와 중국은 몇몇 중대한 문제에 관해 다른 의견을 가지고 있다고 김일성이 말했다. 이는 다음과 같다.

a) *내부 문제*[원문에서 강조] : 인민들, 인민공사, 대약진운동, 백화제방운동과 문화대혁명(이와 관련해 김일성은 북조선은 이에 동의하지 않고 북조선에 적합하지 않다고 말했다) 사이의 모순과 같은 문제들. 그럼에도 불구하고 우리는 이러한 것들을 중국 내부의 문제로 간주하고 있고 여기에 관여하지 않고 있다.

b) *외교 문제*[원문에서 강조] : 북조선은 소련이 공산주의를 구축하는 우호적 국가라고 생각한다. 중국은 소련이 반제국주의 세력에 제공한 원조는 장난이고 사기라고 말했다. 북조선은 이에 찬성하지 않는다. […]

소련 대사에 따르면 말리크와 마주로프 동지는 좋은 인상을 가지고 북조선을 떠났다.

111

헝가리 외교부 메모

(1970년 10월 20일)

문건번호: MNL, XIX-J-1-j Korea, 1970, 54. doboz, 81-10, 002951/1970.

극동지역에서의 일정 중, 제네쉬 언드라쉬(Gyenes András)는 북조선도 방문했다. 대화 중 대표단의 북조선 측 참석자들은 유고슬라비아-북조선 관계를 다음과 같이 말했다.

북조선은 모든 사회주의 국가들과의 관계를 발전시키고자 하며, 북조선이 사회주의 국가라 생각하지 않던 유고슬라비아까지도 포함되고 있다. 작년에 폴란드 바르샤바에 주재 유고슬라비아 대사는 양국 사이의 직접적 관계를 구축하기 위해 북조선대사관과 접촉했다. 비슷한 목적으로 1969년에 베이징 주재 유고슬라비아 상무대표단과 프라하 주재 유고슬라비아 대사관의 고위급 외교관이 북조선 비자를 요청했다. 그 당시 북조선 지도부는 유고슬라비아의 요청에 응답할 기회라는 의견을 가지고 있었다. 그러나 현재 상황은 변했다.

북조선 측 참석자들은 우호적인 스페인과 이탈리아 공산당의 제안을 고려하던 조선로동당과 북조선이 유고슬라비아와 관계를 성립할 준비가 되어 있다고 말했다. 최근 [유고슬라비아는 유고슬라비아 외교부(아마도 대표단)의 고위 관리를 위한 입국 비자를 요청했고 북조선 측은 그 요청을 수락했다. 유고슬라비아 외교부의 대표단(혹은 대표)이 근 시일 내에 평양에 도착할 것이다. "잘 알려져 있다시피 중국과 베트남은 유고슬라비아와의 관계를 정상화시켰고 최근 유고슬라비아는 북조선의 이익(유엔,

국제스포츠기구 등등)을 위해 싸우고 있다"고 북조선 측이 말했다.

[…]

올라흐 요제프(Oláh József) 차관보(assistant under-secretary)

북조선 주재 헝가리 대사관에서 외교부로 보낸 보고

(1970년 12월 12일)

문건번호: MNL, XIX-J-1-j Korea, 1970, 54. doboz, 81-108, 002584/3/1970.

[…]

올해 11월 21일, 불가리아 대사 *미쇼 니콜로프(Misho Nikolov)*[원문에서
강조] 동지가 완전히 귀국(출국)했다. [⋯]

북조선 측 지도자들이─차례로 김일성(조선로동당 중앙위원회 총서기,
공화국 내각수상), 박성철(조선로동당 정치국 위원, 내각 부수상), 김동규
(조선로동당 정치국 위원, 중앙위원회 비서), 허담(조선로동당 중앙위원
회 위원, 외교부 부장)─ 출국하는 불가리아 대사 앞에서 한 발언은 부분
적으로 이러한 발언이 제5차 조선로동당 회의가 끝난 며칠 후인 12월 18
일, 19일, 20일에 각각 이루어졌고 또한 회의 중 언급되지 않거나, 혹은
현저히 간단하게만 (그리고 보다 논쟁의 여지가 있는 방식으로) 언급된
내부와 외교적으로 중요하며 다양한 문제들을 다루고 있기 때문에 매우
중요하다. [⋯]

11월 18일에 김일성 동지는 [원문에서 강조] 작별 차 니콜로프 대사 동
지를 접견했다. [⋯]

[김일성 동지]: 대사 동지, [불가리아 지도자인] 토도르 치브코프(Todor

Zhivkov) 동지에게 두 공산주의 강대국의 관계가 좋았을 때 북조선은 편안하지만, 두 강대국의 관계가 악화되었을 때 북조선의 상황이 어려워진다는 말을 전해달라. 그들 중 어느 하나를 기분 상하지 않게 하면서, 우리의 관계와 두 강대국 동맹과의 관계를 규정하는 것은 어렵다. *우리 북조선은 우리의 큰형 중 어느 누구도 기분상하지 않게 하기 위해 노력하고 있다. 우리 북조선은 마르크스-레닌주의에 근거하여 두 큰형들과의 접촉을 강화하려고 의도하고 있고 이러한 과정에 어느 한쪽이 다른 쪽보다 크게 기분 좋게 만들 의도는 없다.* [원문에서 강조]

[…] 정전협정 후에, 상이하며 모순적인 견해와 경향이 우리 당에서 나타나고 있으나 우리는 그것들을 이겨냈다. 유사한 환경으로 인해 몇몇 우호적 당에서도 1956년에 어려운 상황에 처해 있었다. 우리 당이 여전히 결속되어 있기 때문에 이곳에서의 상황은 다른 나라의 상황 정도로 악화되지는 않았다. *우리의 경험은 당원과 청년들의 교육을 한 순간이라도 약화시켜서는 안 된다는 것을 입증해왔다. 교육을 약화시키면 당원과 청년들이 적의 먹잇감으로 전락하기 때문이다.* [원문에서 강조]
[…]

조선로동당과 북조선 정부가 조선반도 문제 해결을 주장할 때, 국제적 상황을 더욱 어렵게 만드는 것을 원치 않는다. 조선로동당은 북조선 때문에 세계대전이 발발하는 것을 원치 않는다. [원문에서 강조] […] 북조선과 남조선 사이의 전쟁 발발은 각각의 동맹국을 끌어들이는 결과를 초래할지도 모르며, 이는 새로운 세계대전을 의미하는 것이다. *우리 북조선은 조선반도 문제를 조선반도나 남조선내에서 해결하려고 최선을 다하고 있다. 대사 동지는 치브코프 동지에게 말해달라. 우리가 때때로 날카로운 어조를 사용하더라도, 우리가 평화적인 통일을 포기했다는 것은 아니다.* [원문에서 강조] 조선반도 문제 해결을 위한 우리의 노력 중 가장 중요한 요소는 남조선의 혁명 세력을

촉진하고 남조선에서의 혁명을 수행하는 우리의 노력이다. 우리가 볼 때 문제 해결의 본질은 다음과 같다. 남조선 인민들은 박정희를 전복해 권력을 장악해야만 하고 평화로운 조국 통일에 대해 북조선과 협상을 시작해야만 한다. 박정희는 조국의 배신자이고 미 제국주의의 하수인이기 때문에 우리는 그와 협상을 원하지도 않고 하지도 않을 것이다. 지금까지 그는 남북조선 접촉을 위한 우리의 제안을 변함없이 거절했다. 전에 1971년 남조선 대통령 선거에서 이용된 기만적인 선거용 속임수 외에는 박정희는 북남 간의 확실한 접촉을 위해 최근까지도 아무런 제안을 하지 않았다. 만약 반대 정파인 신민당의 대통령 후보 김대중이 다음 대선에서 승리한다면, 우리는 그와 협상을 할 것이다. 김대중 역시 반공주의자이지만, 그의 공개된 그리고 비공식적 계획은 다음과 같다: 남조선에서 민주주의적 권력 구조 창출, 인민들의 민주주의적 권리 보장, 소련과 중국과의 접촉, 평화 통일을 위한 북조선과의 대화 시작, 중립적인 외교정책 추구. 그리고 만약 이 모든 것이 실현된다면 조선반도 문제를 해결하기 위해 전쟁을 할 필요가 없을 것이다.

[…] 일부 사람들은 우리의 세 가지 구호인 '*독립, 자립, 자력방위*'[원문에서 강조]를 이해하지 못하거나 인정하지 않을지도 모른다. 어떤 사람들은 북조선이 지원과 원조가 필요하지 않을 거라 생각하기도 할 것이다. *그러나 이러한 구호는 우호국들에 관한 것이 아니다*[원문에서 강조]. 우리가 이 구호를 발표했을 때, 남조선인민들은 프롤레타리아 국제주의를 모르기 때문에 남조선의 상황을 염두에 뒀다. 이 구호를 사용함으로써 우리는 남조선 인민들을 미국과 일본으로부터 떼어내고자 했다. 이미 남조선에는 이 구호를 지지하는 사람들이 상당수 있다. 최근 미국에 대해 남조선 내부문제에 개입하지 말아야 한다는 요구를 공표하면서 남조선의 학생들이 이 슬로건을 사용했다. 우리는 남조선대중의 혁명화를 중요한 임무로 생각하고 있다. […]

[박성철]: *몇몇 외국인 동지들이 우리를 충분히 이해하지 못하는 것처럼*

보인다[원문에서 강조]. 그들은 우리에게 다음과 같은 충고를 한다: 우리 북조선은 대단한 자제력을 가져야만 한다. 어떤 사람은 우리가 남조선 경비정 56호를 침몰시키지 말았어야만 하고, 푸에블로호를 나포하지 않았어야 하며, 미국 조기경보기 EC-121을 격추시키지 않았어야 한다는 의견이 있다. 그러나 이러한 견해는 선동적 비방에 불과하고, 이는 전적으로 미국에 대한 잘못된 정보와 환상에 기인하고 있다. 우리는 적의 도발 조치에 대응해야 하며 우리의 업적을 확고히 지켜야만 한다.

11월 20일, 외교부 부장 *허담*[원문에서 강조]이 떠나는 니콜로프 대사와 그의 아내를 위한 환송 만찬을 주최했다. […]

[허담]: *몇몇 외국인 동지들은 제5차 조선로동당 회의에서 우리의 지도자가 말했던 수정주의에 대한 우리의 투쟁을 잘못 이해하고 있다*[원문에서 강조]. 그들 중 몇몇은 김일성 동지가 의미하는 수정주의자들이 누구인지를 물었다. 김일성 동지가 의미하고 말하는 북조선의 수정주의자들은 명확하다. 이러한 주제는 우리의 국제적 활동에 관한 장보다 당의 업무에 관한 장에서 다뤄지고 있다는 사실을 통해 이러한 것들이 알려져 있다. […] (허담은 불가리아 대사에게 수정주의자들에 관한 것을 말하지 않았지만, 조선로동당 중앙위원회 대외연락부 부부장 김윤선(Kim Yun-seon)은 그가 제5차 회의 결과를 알려줬던 소련 대사에게 회의에서 비판받던 수정주의자들이 박금철, 이효선, 김도만, 박용국임을 말해줬다. 그들은 1966년 당 대회 중이나 직전에 철직되었다. 철직되는 시점에, 박금철은 정치국 위원이자 중앙위원회 서기였다. 이효선은 정치국 위원이자 중앙위원회 대남 담당 부장이었다. 김도만은 중앙위원회 선전선동부 부부장이었다. 박용국은 중앙위원회 대외연락부 부장이었다.)
외국인 동지들 중 몇몇은 김일성 동지가 수정주의에 대한 투쟁을 언급할

때 소련을 염두에 두고 있었는지도 물었다. 이는 그 문제와는 상관없는 것이라고 대답했다! 그러므로 중국 측에서 소련을 혹평할 때 습관적으로 사용하던 용어인 '현대 수정주의'란 말은 회의 보고서에 없었다.

최근의 중조관계 발전에 관해 몇몇 외국인 동지들은 우리가 소련과의 관계를 악화시키기를 원하는지를 질문하면서 의문을 제기하고 있다. 나는 이러한 일은 절대로 일어나지 않을 것이라고 말할 수 있다[원문에서 강조]. 우리는 중국 및 소련 양측과의 관계를 개선시키기 위해 노력한다. […]

세베쉬친 예뇌(Sebestyén Jenő) 대사

유고슬라비아 주재 헝가리 대사관에서 외교부로 보낸 보고
(1970년 12월 14일)

문건번호: MNL, XIX-J-1-j Korea, 1970, 54. doboz, 81-10, 002951/1/1970.

유고슬라비아 외교부의 주요지역 담당국의 국장이 최근 북조선을 방문했다. 이는 조선전쟁 이후 양국 대표 사이의 실제적 첫 공식 접촉이다. 국장은 북조선 외교부의 손님자격으로 대우 받았고, 외교부의 지도자들과 양국 관계에 관해 대화했고 북조선의 상황을 좀 더 파악할 수 있는 기회를 얻게 됐다.

　[…]

국장의 경험에 의하면, [미국에 대한 방어를 제외한] 북조선 외교정책의 주요 특징은 일본의 경제적, 국제적 영향력 증대를 상쇄시키려고 노력하는 것이다. 북조선의 고위급 관료는 더욱 강해지고 있는 일본이 아시아 대륙에서 거점을 얻기 위해 노력할 것이고, 이러한 상황이 지역국가와 인민들의 독립을 직접적으로 위협할 것이라는 만일의 사태를 걱정하고 있다. 이러한 위험을 예방하거나 축소하려는 노력이 북조선이 [유고슬라비아와 다른 국가들에] 문을 열게 한 주요 동기이다.

그들은 양국외교 관계 성립일을 조선전쟁 이전인 1948년부터 계산하기로 사실상의 합의에 이르렀다. 유고슬라비아 측은 이번 문제에 동일한 견해를 갖는 것은 중요한 정치적 성과이며 양국의 진전된 관계 발전에 중요한 전제 조건이며, 이는 유고슬라비아가 조선전쟁에 대해 가졌던 견해로 인한 양국 사이의 몇 십여 년간의 긴장이 사라지는 것을 의미한다는 의견을 가지고 있다.

[…] 대화 중 양측은 경제 분야에서의 협력이 실질적 결과를 낼 수 있기 때문에 경제 관계가 우선되어야 한다는 데 합의했다. […] 그러나 당분간 양국 사이에 공식적인 경제·무역 협약은 없을 것이다; 개별 회사 차원의 사소한 협력이 이루어질 것이다.
[…]

또한 양국은 대사급 인사의 교환을 포함한 외교관계의 점진적 정상화에 사실상 합의했다.

토트 엘레끄(Tóth Elek) 대사

북조선 주재 헝가리 대사관에서 외교부로 보낸 보고
(1971년 3월 8일)

문건번호: MNL, XIX-J-1-j Korea, 1971, 66. doboz, 81-109, 001996/1971.

3월 4일에 나의 요청으로 외교부 부부장 이만석 동지가 최근의 북조선-유고슬라비아 관계에 관한 다음과 같은 정보를 제공했다.
[…]

부쿠레슈티(Bucharest) 주재 유고슬라비아 대사관이 양국 관계를 정상화시키기 위해 특별히 활동적이다.
[…]

세베쉬친 예뇌(Sebestyén Jenő) 대사

헝가리 외교부 메모

(1971년 3월 22일)

문건번호: MNL, XIX-J-1-j Korea, 1971, 67. doboz, 81-14, 001780/1971.

외교부 부장 삐떼르 야노쉬(Péter János)의 약속 때문에—그의 요청으로 인해—나는 북조선 대사 이동선(Yi Dong-seon) 동지를 접견했다. [...]

1970년 21일부터 27일까지 개최된 헝가리사회주의로동당 제10차 당대회에서의 성명에 따라, 나는 중국 측이 소련과 폴란드와 같은 다른 유럽 사회주의 국가들을 공개적으로 공격했고, 내 개인적 의견으로 폴란드 사건 [1970년 12월 노동자 항의]과 관련하여 중국 측의 언사가 폴란드의 내정을 간섭했다고 대사에게 말했다. 최근 알려진 중국 측 발언(예를 들어 파리 꼬뮌 기념사에서 나온 기사)이 관계 개선을 촉진하지는 않았다고 첨언하면서, 우리가 중국과 접촉할 준비가 되어 있다고 언급했다. [...]

대사는 나의 언급에 다음과 같은 대답을 했다. [...]

북조선에서 중국은 소련을 '사회주의 제국주의자들'이라고 부르지는 않는다. 중국은 소련과 유럽 사회주의 국가에서 노동자 계급에 의해 권력이 유지된다는 것을 명백하게 알고 있다. 동시에 중국은 왜 이러한 국가들에서 불완전과 무질서한 상황이 연출되는지를 이해하지 못한다. 그들은 이러한 사건들의 원인이 프롤레타리아 독재 약화와 사상 작업의 태만에 있다는 의견을 가지고 있다. 심지어 폴란드 문제와 관련해 북조선 신문에 기고를 하기도 했다. 1968년 당시에 중국은 5개의 사회주의 국가들의 체코슬로바키아 무력 개입을 지지했으나 "그들은 누가 이러한 상황 악화를 책임져야 하는지 모른다", "모든 것이 질서 있고 올바르며 위와 같은 착오가 발생하지 않는 사회주의 국가가 [적어도 하나] 존재한다"고 북조선 대사가 말했다. 이는 김일성 동지의 주체사상 때문이다. 잘 알려진 바 북조선은 소련, 중국, 일본이라는 3개의 강대국과—직·간접적으로— 국경을 맞대고 있기 때문에 어려운 상황에 처해 있다. 이들 국가의 영향력으로 인해 사대주의가 북조선 인민들 사이에 만연해 있다. 해방 이후 북조선 인민들은 소련 동지들을 모방했으나 결과는 좋지 않았다. 그러나 지금은 3개의 강대국으로부터 독립적인 주체 정책을 추구하고 있으며 대중들은 좀 더 자의식이 강해지고 있다. 그들의 경험은 이러한 정책이 가장 적합하며 오류를 범하지 않도록 한다는 것을 증명한다. 북조선 대사에 따르면 북조선의 지도자들은 국수주의적이지는 않지만 유럽의 사회주의 국가에서 발생한 착오들을 보면서 북조선의 인민에게 이러한 실수를 설명하도록 강요받고 있다. [⋯]

제네쉬 언드라쉬(Gyenes András)

루마니아 주재 헝가리 대사관에서 외교부로 보낸 전보
(1971년 4월 20일)

문건번호: MNL, XIX-J-1-j Korea, 1971, 67. doboz, 81-15, 002061/1971.

루마니아의 *벨기에 대사*가 [원문에서 강조] 나에게 다음과 같이 말했다. 지난주 중순 저녁에 부쿠레슈티 북부역 근방에서 외교관 번호판을 부착한 3대의 차량이 갑자기 벨기에 대사가 운전하는 차량을 포위하여 강제로 멈추게 했다고 한다. 해질녘이라서 그는 오직 극동지역 출신으로 보이는 사람이 차에서 나와 그를 차에서 끌어내리려고 시도했다는 것만 볼 수 있었다고 한다. 짧은 난투극 끝에 습격한 사람들은 목적을 이룰 수 없음이 분명해지자 그들의 차로 돌아가서 고속으로 운전해 사라졌다. 대사는 즉각 이 사건을 루마니아 외교부에 보고했고 공격에 가담했던 차들 중 2대의 차량번호를 말했다.

이번 달 17일에 외교부는 대사에게 자동차 신원확인이 끝났다고 말했다. 의문의 자동차들은 부크레슈트 주재 북조선 대사관의 소유였다; 그는 이곳의 대사로부터 실제로 북조선 대사관의 자동차로 행해진 것에 관해 서면 확인을 받았다. 서방 언론의 뉴스에도 불구하고 벨기에 대사는 북조선이 자신을 납치하려고 했다고 생각하지 않는다. 그는 공격이 자신을 향해 이루어진 것이 아니라 자신을 미국인으로 오해한 데 따른 실수라고 생각했다. 벨기에 대사의 말에 따르면 부크레슈트 주재 미국 대사관의 직원들도 루마니아 수도에서 비슷한 공격으로 고생했다는 것이다.

머르띤(Martin)

체코슬로바키아 주재 헝가리 대사관에서 외교부로 보낸 전보
(1971년 5월 4일)

문건번호: MNL, XIX-J-1-j Korea, 1971, 66. doboz, 81, 002118/3/1971.

[…]

체코슬로바키아 외교부의 유력한 담당관으로부터 입수한 정보에 따르면 북조선 대사는 두 가지 이슈에 관하여 공식적으로 정부나 외교부 성명을 기사화 해줄 것을 요청했다고 한다.

체코 외교부는 일본에 거주하는 북조선인 문제와 관련해 조치를 취할 것을 약속했으나 이러한 약속을 지킬 의도는 없다고 한다. 체코슬로바키아 뉴스 에이전시(CTK, Chehoslovak news agency)는 북조선 외교부의 성명을 기사화했으나 실제로는 큰 신경을 쓰지 않았다. 그 이후로 오랜 시간이 흘렀기 때문에 그 문제와 관련해 어떠한 변화도 시도하지 않을 것이다; 그들은 이 문제가 끝난 것으로 생각한다.

최고인민회의 4월 12일에서 14일 회기와 관련해 대사는 남조선선거에 대한 "애국 세력의 대규모 시위를 설명하기 위하여" 프로파간다 지원을 요청했고, 그가 의미하는 시위는 서울에서의 학생 시위였다. 체코 외교부는 북조선 대사의 요청에 따라서는 오직 소규모 학생 집회를 개최하는 것만이 실현 가능하다는 의견이다. 체코는 이 문제와 관련해서도 더 나아간 조치를 취하기를 원치 않았다.

담당관은 체코가 북조선 내부 경제 상황의 중국 통합화와 병행하여 북조선이 다시 한 번 중국 측 견해와 비슷해지는 것에 대해 상당한 우려를 하고 있다고 말했다. 북조선 대사관이 이전에 중국 대사관이 하던 역할을 맡고 있는 몇몇 징후가 보인다고 말했다. 최근 몇 달 간 북조선 대사관의 프로파간다는 증가했고 몇몇 사례에서는 공격적인 성향이 강했다. 예를 들어 북조선 측은 전화번호부에서 수집된 주소를 이용해 다양한 사회, 국가 조직, 심지어 개인적 인사들에게까지 우체국을 통해 대량의 프로파간다 자료를 배포하고 있다. 사상적 내용이 첨부된 편지에서 언제나 회신주소를 물어보고 있다. 또한 시골 지역 방문을 늘려 체코 외교부의 통제를 회피하고 있다. 전술한 문제들을 고려하여 담당관은 최근 상호관계에 입각한 제한 조처들을 계획하기 시작했다.

    […]

빈쩨(Vince)

북조선 주재 헝가리 대사관에서 외교부로 보낸 보고
(1971년 5월 13일)

문건번호: MNL, XIX-J-1-j Korea, 1971, 66. doboz, 81-53/a, 002306/1971.

우리 측의 질문에 대해 올해 4월 20일에 평양 주재 동독 대사관에서 2번째 고위 외교관인 메르텐(E. Merten)이 우리에게 최근 북조선-동독 관계 발전에 관해 다음과 같은 정보를 말해줬다.

[…]

동독은 독일 문제, 유럽안보 문제 그리고 동독과 관련된 견해 등의 문제가 북조선 정부와 당의 문서 및 언론에서 다뤄지지 않거나 미미하게 다뤄지는 데 대해 감정이 상해있었고, 또한 현재도 그렇다. 동독 측은 몇 차례 북조선 담당관들 앞에서 이러한 심경에 대해 목소리를 냈다. 최근에는 와병 중인 최용건을 방문했다. 이때 1월에 베를린에 방문해서 김일성의 감사의 뜻을 전했고 또한 독일사회주의연합당 중앙위원회 총서기인 울브리히트(W. Ulbricht)와 아센(Axen)을 만났던 조선로동당 정치국 및 중앙위원회 서기인 양현섭(Yang Hyeon-seop) 앞에서 목소리를 냈다. 베를린에서 양현섭과 만남을 가진 후 북조선 언론은 동독과 관련된 뉴스를 전보다 많이 기사화하고 있고, 동독 측은 평양 주재 동독 대사관이 방문이나 다른 문제들로 인해 요청한 것을 포함하여 북조선 측이 동독의 요청에 신속하게 대응했다는 것을 알게 됐다.

몇 년 동안 동독은 북조선 동지들에게―평양 주재 동독 대사관과 베를린 주재 북조선 대사관을 통하여― 동독 외교정책과 내무 정책에 관한 정보를 북조선 측에 정기적으로 알려주는 정책을 펴왔으나, 이에 대해 북조선은 정보를 제공하지 않거나 피상적으로만 정보를 제공했다. 이러한 문제에도 불구하고 동독 측은 미래에도 북조선 측에 정보를 제공하는 것을 강화하기로 결정했다. 그들은 중조관계 정상화의 진전이 불가피하게 이러한 결정을 내리게 했다는 의견을 가지고 있다.

[…]

세베쉬친 예뇌(Sebestyén Jenő) 대사

소련 주재 헝가리 대사관에서 외교부로 보낸 전보

(1971년 8월 24일)

문건번호: MNL, XIX-J-1-j Korea, 1971, 68. doboz, 81-57, 002746/2/1971.

[…]

소련 동지들은 남조선정부의 노력을 인식하고 있다. 소련 외교부의 담당 부서장에 따르면 소련 측이 남조선정부의 구체적 계획에 관한 정보를 우리에게 처음으로 제공했다는 것이다. 소련은 우리에게 헝가리-북조선 관계와 북조선 동지들에 대한 우리의 공동 노선에 손해가 되는 어떠한 조치도 취하지 말라고 경고했다.

카피챠(Kapitsa) 동지가 개인적 의견으로 나에게 우리가 거친 방식으로 남조선을 저지하지 않아야만 한다고 말했다. 미래에 어떤 류의 접촉이 유용할 수도 있다. 이 문제가 얼마나 중요하게 다뤄져야 하는지를 설명하기 위하여 카피챠는 약 2달 전에 북조선 동지들이 소련 외교부에 보냈던 정보 메모에 북조선 측이 언제, 어떤 상황에서 소련 외교관들이 해외 외교공관에서 남조선 측 외교관들과 인사하고, 악수하고 동석했는지를 불쾌하게 묘사하고 있다고 언급했다.

모노리(Monori)

유고슬라비아 대사관에서 외교부로 보낸 보고
(1971년 8월 27일)

문건번호: MNL, XIX-J-1-j Korea, 1971, 68. doboz, 81-53/a, OO2817/1/1971.

[⋯] 이에, 나는 외무부 부장의 담당 부서로부터 이 주제에 관해 획득한 정보를 요약한다.

남조선과 유고슬라비아는 외교 관계나 정기적인 경제 교류를 하고 있지 않다. 최근 남조선 측이 다양한 형태의 교류를 구축하기 위한 계획을 반복적으로 세우고 있다.

- 남조선 측이 *양국 스포츠 교류를*[원문에서 강조] 구축하자고 제안했는데, 그들이 보이보디나(Vojvodina) 축구팀을 남조선으로 초청하며 팀의 원정 비용을 제공한다는 구체적인 계획이 포함되어 있다. 유고슬라비아 스포츠 당국은 양국 관계 구축을 위해 노력하고 있지는 않지만 유고슬라비아에서 개최되는 국제 스포츠 대회에서 일반적인 관례에 따라 남조선을 차별하지는 않을 것이다.
  [⋯]

남조선 측은 유고슬라비아와의 경제 교류도 제안했다. 이와 관련해 유고슬라비아의 입장은 다음과 같다.

- 유고슬라비아 법에 따라 유고 *사업체*의[원문에서 강조] 남조선과의 무역이 금지되지는 않으며(예를 들어 남아프리카와의 통상은 법적으로 금지하고 있다) 유고슬라비아 사업체가 이익만 낼 수 있다면 남조선사업체와 무역을 하는 것이 자유롭다. 유고슬라비아 사업체는 독립된 채산체(採算體)이기 때

문에 국가간 관계를 성립할 필요는 없다.

- *무역위원회*[원문에서 강조] 사이의 관계에서 유고슬라비아 측 위원회가 독립적 기구이기 때문에 남조선과 유고슬라비아의 위원회 간 접촉을 하는 것은 허용될 거라 생각하고 있다. 외교부 부장이 아는 한 유고슬라비아 무역위원회는 남조선의 무역위원회와 접촉하는 것을 원치 않는데, 이는 양국 위원회간 접촉이 다른 외국 파트너들과의 관계에 부정적 영향을 미칠 수 있기 때문이다.

- 당분간 유고슬라비아는 남조선과의 *국가 간 경제 관계*를[원문에서 강조] 수립할 계획이 없다; 이는 남조선과의 외교적 관계가 없고 국가 간 관계에 선행해 [유고와 남조선의] 사업체 간 관계가 충분해야 하기 때문이라고 유고 측이 설명했다.

- 외교 분야에서 유고슬라비아의 진전된 조치는 남조선의 외교 정책 진전에 달려있기 때문에 (예를 들어 베트남에서의 남조선군대 철수 등), 유고슬라비아는 아직 외교관계를 수립할 준비가 되어 있지 않다.

또트 엘레끄(Tóth Elek) 부대사(deputy ambassador)

중국 주재 헝가리 대사관에서 외교부로 보낸 전보
(1971년 9월 24일)

문건번호: MNL, XIX-J-1-j Korea, 1971, 66. doboz, 81-53/a, 001555/5/1971.

폴란드 대사의 이용 가능한 정보에 따르면 조선반도 통일에 대한 중국의 입장은 변하고 있다. 그는 또한 이 문제를 중국의 이전 입장을 지지하지 않던 외교부 부부장 챠오관화(喬冠華)와 상의했고, 현재 중국은 남조선의 상황이 무력 통일에 적합하지 않다는 것을 인식하고 있다. 4월에 [남조선] 침략자들은 무력 통일을 지지하던 남조선의 모든 세력을 제거했다. 폴란드는 이 문제에 관해 현재 북조선의 입장과 중국의 입장이 동일하다는 견해를 가지고 있고, 이는 그들의 현 관계를 폐쇄적으로 만드는 요인 중의 하나이다. 북조선은 만약 중미 협상이 미국 측의 협력을 이끌어낸다면 북조선이 이득을 볼 수 있다고 희망한다. 북조선은 일본의 재무장을 두려워하기 때문에 중국과 소련의 관계가 개선되는 것이 필수적이라고 이해하고 있다.

221

헝가리 외교부 메모

(1971년 10월 20일)

문건번호: MNL, XIX-J-1-j Korea, 1971, 67. doboz, 81-13, 001610/35/1971.

10월 13일에 우리는 쿠바 대사관에서 2번째 고위 외교관인 카를로스 페레즈(Carlos Perez) 동지에게 헝가리 국가주석 로숀치 빨(Losonczi Pál)과 수행원들이 9월 13~21일 북조선 방문에서 경험한 것에 관한 정보를 제공했다.

[…] 북조선 방문 중, 헝가리 측은 회담뿐만 아니라 공개연설 중에도 베트남 인민을 지지한다는 것과 인도차이나 문제를 평화적으로 해결할 유일한 방법은 인도차이나 인민들의 대표와 미국이 회담을 갖는 것이라고 수 차례나 강조했다. 북조선 동지들은 이러한 언급에 반응하지 못했다; 더구나 우리가 아는 한 베트남과 인도차이나와 관련된 부분은 북조선 언론에 기사화되면서 삭제됐다.

[…]

레데레르(Lederer)

북베트남 주재 헝가리 대사관에서 외교부로 보낸 전보
(1971년 10월 25일)

문건번호: MNL, XIX-J-1-j Korea, 1971, 66. doboz, 81-109, 003046/1971.

박성철이 이끄는 북조선 당과 정부 대표단이 10월 24일 북베트남에 도착했다. 그러나 당일 공항에의 환영 영접과 저녁 북베트남이 주최한 환영 만찬에서 열정적인 환영 인사를 받지 못했다.

내가 [북베트남 당 기관지]의 편집장인 난단(Nhan Dan)에게 이 일에 관해 물었는데, 그는 원래 그들이 초청한 것은 김일성 동지였다고 대답했다. 그러나 난단은 "김일성이 상당 기간 몸이 좋지 않은 것 같다고 전해지고 있다"라고 대답했다. 베트남 동지들은 소련대사에게 '김일성이 그들에게 첫 번째 단계로서 북조선은 베트남 최고지도자가 김일성 방문 이후 [북조선]을 방문할 것으로 예상했다는 것을 이해하게끔 했다'고 말했다고 한다. 북조선 대표단을 위해 개최된 환영만찬에서 대표단의 성격(당과 정부 대표단)에도 불구하고 오직 베트남 정치국 위원 3명과 중앙위원회 서기만이 참석한 것이 이채롭다. 건배 제의에서도 베트남 측은 양당 간 관계에 대해서도 거의 언급하지 않았다. 북조선 측 건배 제의에서는 소련, 사회주의 국가, 마르크스-레닌주의, 프롤레타리아 국제주의와 사회주의 국가들 사이의 연합의 중요성에 대해 언급되지 않았다. 그러나 베트남 측은 건배 제의에서 이러한 것들을 언급했다. 더구나 북조선 측의 건배 제의에서 오직 국가 지도자로서 김일성의 능력만이 언급됐다.

여꾸쉬(Jakus)

북베트남 주재 헝가리 대사관에서 외교부로 보낸 전보
(1971년 10월 29일)

문건번호: MNL, XIX-J-1-j Korea, 1971, 66. doboz, 10, 003046/1/1971.

10월 29일 정오, 박성철이 이끄는 북조선 대표단이 하노이를 떠났다. 비록 양당이 협의와 상호만족에 이르렀다고 선언했으나, 북조선 대표단은 만족할 이유가 거의 없었다. 베트남 측이 주최한 환송연은 눈에 띨 정도로 냉담했고 정치국 위원이자 베트남 대표단의 단장인 응웬 두이 찐(Nguyen Duy Trinh) 한 명만이 환송하러 공항에 나왔다. 10월 25일 국회 건물에서 개최된 대중 집회에는 정치국 위원 어느 누구도 참석하지 않았다; 베트남 대법원장과 하노이 시장 형(Hung) 동지가 연설을 했다. 그러나 심지어 형은 당 중앙위원회 위원이 아니었다.

대중 집회에서 박성철은 *북조선, 북베트남, 중국, 라오스, 캄보디아*[원문에서 강조] 같은 아시아 인민들의 *혁명적 동맹*[원문에서 강조]에 관하여 연설했다. 북조선 연설자들과는 다르게 형 동지는 조선반도와 베트남 통일이 사회주의 국가들의 통합된 지원에 의하여 이루어질 수 있다고 지적하면서 모든 사회주의 국가들의 일치와 지원의 중요성을 강조했다. 북조선 대표단의 연설 내용 중 어떤 것도, 단순한 언급 차원에서라도 마르크스-레닌주의의 원칙들, 프롤레타리아 국제주의, 사회주의 국가들의 통합된 협력을 포함하지 않았다. 대조적으로 이러한 문제들이 베트남 측 연설에서는 계속적으로 언급됐다. 주목할 만한 내용은 [베트남로동당 총서기] 레 주언(Le Duan)이 북조선 대표단이 하노이에 머무른 지 4일째 되던

날 이들을 접견한 것이었다. 그러나 다음날 신문 1면을 장식한 기사는 [소
련 우주비행사] 발렌티나 테레시코바(Valentina Tereshkova)와의 접견에
관한 내용이었다. 환송연에서 공동성명 문구와 관련해 북조선 측과 베트
남 측이 합의하지 못한 것으로 드러났다.

대표단 대표들이 오전 8시 30분 공항에서 열린 송별연설에 초대됐으나,
최종 공동 성명에 대한 논쟁 때문에 시간이 걸려 [송별 연설]은 11시가 돼
서야 열렸다. […]

[서명]

북조선 주재 헝가리 대사관에서 외교부로 보낸 전보
(1971년 11월 1일)

문건번호: MNL, XIX-J-1-j Korea, 1971, 67. doboz, 81-20, 002308/3/1971.

[…]

10월 8일에 소련 대사가 예상치 않게 모스크바로 갔다가 10월 26일에 돌아왔다. 10월 30일 소련대사는 나를 방문해서 다음과 같은 정보를 제공했다.

박성철이 이끄는 북조선 대표단이 모스크바를 방문했다. 외무부 부부장 이만석과 김윤선(Kim Yun-seon, 조선로동당 중앙위원회 대외연락부 부부장) 또한 대표단에 포함되어 있었다. 그들은 모스크바에서 2일을 보냈다. 북조선 측의 요청으로 브레즈네프(Brezhnev) 동지가 대표단과 회담을 가졌다. 박성철이 언급한 주요한 내용은 다음과 같다.

I. 북조선 지도부의 평가에 의하면 남조선에서 우파 정당의 영향력이 상당히 축소하고 있는 중이며, 이에 반해 반대파의 힘이 커지고 있는 중이다. 이는 선거 결과, 진보 세력 운동의 증가, 학생 운동의 활발함 등을 통해 확인되고 있다. 박정희는 더욱 더 고립되고 있다.

II. 북조선은 남조선의 정치 세력이 조국의 평화적 통일을 받아들이게끔 하기 위해 이 상황을 이용해야만 한다. 북조선은 이와 관련해 조치들을 계획해오고 있다.

첫째, 국제적으로 봤을 때 북조선은 평화 통일 정책 지지자들을 가능한 많이 확보하기 위해 모든 기회를 이용한다. 가능한 한 그들은 유엔과 다른 국제기구들도 이용하려 하고 있다.

그들은 정치적·외교적 수단을 통하여 주한미군 철수와 한미방위조약 폐지를 위해 미국에 국제적 압박을 가한다.

둘째, 북조선은 일본에 남조선과 일본에서의 미국 현시 및 한일 조약이 조국 통일을 방해하고 있다는 것을 납득시키기를 원한다. 그들은 한-일 조약 폐지를 원하고 있다.

셋째, 북조선은 소련이 미국 및 일본과의 협상을 통해 전술한 것들을 달성하기 위하여 노력해야만 한다고 직접적으로 요청했다.

세베쉬친(Sebestyén)

북조선 주재 헝가리 대사관에서 외교부로 보낸 보고
(1971년 11월 24일)

문건번호: MNL, XIX-J-1-j Korea, 1971, 66. doboz, 81-10, 003046/2/1971.

나의 요청으로 평양 주재 북베트남 대사인 레 동(Le Dong)이 11월 18일에 나를 방문했다. […] 그는 다음의 내용을 상세히 설명했다.

베트남의 입장에 따르면, 시하누크(Sihanouk)가 평양에서 언급했듯이 주적은 미제국주의와 미국이지 일본의 군국주의가 아니다. 목적 달성을 위하여 미국은 유럽과 아시아에서 오른팔인 서독과 일본의 군사전문가 집단을 이용하고 있다. 베트남은 일본의 재무장 강화를 과대평가하지도 않고 과소평가하지도 않는다. 일본이 군사력 증강을 하고 있기 때문에 베트남은 이에 주의를 기울이고 있다. 베트남의 의견으로는 일본 군국주의의 부활은 중국, 베트남, 라오스, 캄보디아, 북조선의 5개국의 협력에 의해서가 아니라, 모든 사회주의 국가들, 세계의 진보 세력과 일본에 있는 진보세력 등의 협력에 의해서만 저지될 수 있다.

5개국 블록을 형성하기 원하는 것은 중국, 북조선, 시하누크이다. 베트남 정부는 이에 동의하지 않는다. 라오스 동지들은 베트남의 견해에 동조하고 있다. […]

시하누크의 결정은 그가 사는 지역에 영향을 받았다. 5개국 블록은 베트남과 라오스 인민들의 의지 없이 그리고 그들의 의지에 반대하면서 성립될 수 없다.

　[…]

　　　　　　　　　　　　세베쉬친 예뇌(Sebestyén Jenő) 대사

북조선 주재 헝가리 대사관에서 외교부로 보낸 전보

(1971년 12월 20일)

문건번호: MNL, XIX-J-1-j Korea, 1971, 66. doboz, 81-25, 001995/6/1971.

12월 16일에, 소련 대사가 나에게 12월 11일에 김일성이 샤라프 라쉬도프(Sharaf Rashidov) 동지가 이끄는 소련 최고 대표단을 접견한 것에 관해 정보를 제공했다. [⋯] 대사는 김일성이 말한 주요 내용을 다음과 같이 요약했다.

[⋯] 현 국제상황은 제국주의에 우호적이지 않고 미 제국주의의 붕괴는 점점 더 명확해지고 있다. 다음과 같은 점에서 명확하다: 내부적으로 미국은 중대한 위기, 특히 금융위기 가능성에 직면하고 있다; 미국은 전 세계 여러 지역, 특히 인도차이나에서 군사적 패배로 고생하고 있다; 미국은 그들의 위세를 잃고 있고, 어느 누구도 미국에 고개를 숙이지 않으며, 심지어 가장 충직한 동맹—장제스(蔣介石), 박정희, 남베트남 대통령 티에우(Thieu)—도 미국에 대한 신뢰를 잃고 있다. [⋯]

우리의 평가에 의하면 김일성은 현재 전 세계 어느 누구도, 심지어 미국도 전쟁을 원하지 않는다고 말했다. 일본 인민들도 전쟁을 원하지 않고 일본은 현재 전쟁을 할 수 없다. 중국이나 우리도 전쟁을 원하지 않는다. 소련과 다른 사회주의 국가들도 그러하다. 우리의 견해로는 이러한 환경에서 평화로운 공세를 취하는 것이 가능하다. 이것이 11월 15일부터 23일까지 개최된 11차 중앙위원회 전원회의에서 우리가 토의한 것이다.

[…] 전원회의에서 조선반도 상황이 상세히 논의됐다. 평화로운 공세의 시작이 가능하다는 것이 이해됐다. 긴급조치의 도입은 남조선 정권의 약화를 방증한다. 긴급조치는 남조선의 반대 세력의 탄압을 목표로 한다. 남조선의 진보적 세력은 여전히 약하다. 남조선에서 혁명적 상황은 없고, 남조선의 인민들은 약하며, 진보적 세력은 힘을 얻기 위해 지원이 필요하다. 이를 위해 박정희 정권을 고립시켜야만 하고, 다음으로 붕괴시키는 것이다. 이러한 목적을 달성하기 위한 수단이 평화적 공세이다. 평화적 공세 후 남조선인민들은 북조선이 평화 통일과 꼭두각시 정권(박정희)이 통일을 원하지 않는다는 것을 알게 될 것이다. 우리는 긴급조치에 대응해 어떠한 조치도 취하지 않았고 그렇게 하지도 않을 것이라고 김일성이 말했다. 우리는 우리가 새로운 제안을 제시할 것으로 생각한다. 우리는 한 단계 진전하기를 원하지만 긴급조치의 도입 때문에 잠시간 기다리고 있다. 우리는 남북 사이에 예술가 단체와 스포츠 교류를 제안할 것이다. 우리는 우익 정당과 협상할 의지를 표현함으로써 박정희가 도망갈 구멍도 남겨두고 있다고 김일성이 말했다. 만약 박정희가 살아남고 싶다면 이를 (도망갈 구멍으로) 이용할 수 있다. 만약 이를 이용하지 않는다면 그는 붕괴할 것이다.

[…] 우리가 보건대, 닉슨의 소련 방문은 특별한 것이 없다. 스탈린 시절에 소련은 독일 및 일본과 회담을 갖고 합의도 했지만, [이러한 합의]가 소련[의 사회주의적 특성]을 변화시키지 않았다. 그 당시는 소련이 약했지만 지금은 소련이 미국보다 강하며 군사적으로도 그렇다. 그러므로 소련은 미국과의 회담 중 강경한 자세를 취할 수 있다. 우리는 소련이

사회주의 국가들이나 북조선의 이익을 대가로 닉슨과 협상하지 않을 것을 안다.

[…] 우리는 어떤 종류의 반소련적인 일에 개입하지 않을 것이다. 예를 들어 나는 알바니아가 우리를 1971년 11월 1일부터 7일까지 열린 제6차 알바니아로동당 대회에 초대한 것을 언급하고자 한다. 우리는 그들이 분파주의자 [마오쩌둥주의자] 집단도 초대한 것을 알고 있었다.

우리는 그 회의에 참석하지 않았다. 우리는 또한 알바니아 측에게 반소련적 문건들을 우리에게 보내지 말라고 말했다. 이러한 [항의]에도 불구하고 우리에게 그 문서들을 계속 보내고 있다; 우리는 이 문서에서 반소련적인 부분은 공개하지 않는다. 알바니아는 우리가 반소련적 자세를 취하도록 하기 위해 노력하고 있으나 우리는 그러한 자세를 취하지 않을 것이다. 우리는 우리의 청년 회의에서 알바니아 대표에게 반소련적 연설을 하지 말도록 경고했다. 이러한 경고에도 불구하고 그는 반소련적 연설을 했다. 그러나 우리는 그들의 연설 중 반소련적 부분을 통역하지 않았다. […] 우리는 항상 소련과 우호적일 것이고 반소련적 자세를 견지하지 않을 것이다. 우리는 소련이 루마니아가 했던 것과 같은 방법으로 닉슨을 접견하지 않을 것이라고 생각한다. […]

세베쉬친 예뇌(Sebestyén Jenő) 대사

폴란드 주재 헝가리 대사관에서 외교부로 보낸 전보
(1972년 1월 20일)

문건번호: MNL, XIX-J-1-j Korea, 1972, 59. doboz, 81-130, 00808/10/1972.

[…]

폴란드 외교부의 주요 담당국의 부국장으로부터 입수한 정보에 기반해 다음과 같은 보고를 한다.

[…] 북조선 동지들은 조국 통일의 기한을 무기한 연장했으나 동시에 그들은 남조선정부의 지도자와 대화를 시작했다. 그들의 요구는 외국 군대의 철수에 국한됐다. 그들은 미국이 남조선정권을 지원하는 것을 멈춰야 한다고 강조하는 것을 필수적이라고 생각하지 않는다.

베트남 동지들은 닉슨의 정책을 잠재적 위험으로 이해하고 있다. 즉 미국이 남베트남으로부터 지상군을 철수시키고 남베트남과 북베트남에 대화를 촉구할지도 모르는 정책이다. 이것이 베트남 동지들이 미군 철수와 더불어 두 번째 전제조건으로 미국의 사이공 정권 지원 중단을 요구하는 이유이다. 중국과 북조선도 두 번째 요구를 강조하지 않았고, 베트남 동지들은 이 문제를 걱정했다.

[…]

삔띠르(Pintér)

북조선 주재 헝가리 대사관에서 외교부로 보낸 보고

(1972년 4월 19일)

문건번호: MNL, XIX-J-1-j Korea, 1972, 59. doboz, 81-130, 00808/45/1972.

올해 4월 18일에 세베쉬친(Sebestyén) 동지가 헝가리를 방문한 북조선 정부 대표단 단장 박성철 동지와 대표들을 우호 만찬에 초청했다. [⋯] 박성철 동지는 다음과 같은 중요한 생각과 문제들을 언급·제기·분석했다. [⋯]

박정희는 *외교정책*에서[원문에서 강조] 점점 더 고립되고 있다. 12월에 남조선에 긴급조치를 도입했을 때 그는 더 이상 감히 미국을 모욕하지 못한다. 미국은 긴급조치 때문에 박정희를 혹평했다. 과거 비슷한 조치를 취했던 일본도 미국과 같다. 일본 수상 사토도 이미 약해지고 있다. 나날이 강해지는 일본의 진보세력이 사토를 해임할 수 있다는 것과는 별개로, 그는 또한 약해지고 있고 만약 사토가 재임하지 않는다면 박정희는 일본으로부터 효과적인 지원을 기대하기 힘들 것이다. 현재 박정희는 외자를 요청하고 있고 외자 획득이 갈수록 어려워지고 있다는 것을 알게 됐다. 주로 그가 12월에 도입한 긴급조치로 인해 이전에 해외에서 얻었던 대출 신용을 잃고 있다. 최근의 두 가지 사건은 특히나 박정희를 놀라게 했다. 중미관계 발전과 파키스탄 사건. 지금까지 중미관계 정상화는 유엔이 공산주의 중국을 인정하는 결과를 자아낸 데 반해 장제스 파벌은 유엔으로부터 축출됐다. 닉슨은 타이완을 중화인민공화국에 *"돌려줬다"*[원문에서 강조] 그리고 중국 공산주의 지도자들과 회담을 갖기 위해 중국을 방문했다. 김대중 이후 남조선의 야당(신민당) 지도자들은 공개적으로 박정희에게 요구하고 있다. 만약 닉슨이 회담을 위해 중국을 방문한다면 왜 박정희는 북조선 지도자 김일성과 회담을 갖지 못하겠느냐. 현재 박정희는 무엇을 해야 할지 알지 못하며 당황하고 주저하고 있다. 그리고 박정희에게 큰 가르침이 될 파키스탄 사건이 있다. 즉 *인도가 파키스탄을 공격했고* [원문에서 강조] 파키스탄이 도움을 요청했을 때 아무도 파키스탄을 돕지 않았다. 대조적으로 모두가 도움을 거절하고 방글라데시가 탄생했다. 박정희는 그가 장제스나 파키스탄과 같은 운명에 처할 것을 매우 두려워하고 있다.

[…]

박정희의 상황은 갈수록 절망적이 되어가고 있다. 그도 이를 인식하고 있다. 요즘 그는 무력하게 분노하며 아무것도 하지 않고 술을 마시고 아내를 폭행하고 있다.

[…]

꺼르셔이 러요쉬(Karsai Lajos) 부대사

유고슬라비아 주재 헝가리 대사관에서 외교부로 보낸 보고
(1972년 7월 8일)

문건번호: MNL, XIX-J-1-j Korea, 1972, 59. doboz, 81-107, 00958/23/1972.

[…]

유고슬라비아 외교부의 한 관료는 북조선의 [7월 4일 북남 공동성명] 발표를 지지하는 진술을 했다. 외교부 부부장으로부터 입수한 정보에 따르면 유고슬라비아 외교부의 지도자들은 북조선의 조치에 놀라지 않았는데, 이유는 최근 있었던 [유고슬라비아와 북조선]의 외무부 부장 회담 중 북조선 측이 이에 관한 정보를 제공했기 때문이었다. 그 당시 유고슬라비아의 생각은 북조선이 남조선보다 정치적으로나 경제적으로나 강하다고 생각하고 있었고 이 때문에 보다 쉽게 결단을 내렸다는 것이었다. […]

본질적으로 공동성명이 주한미군의 철수 달성을 목표로 하고 있기 때문에 유고슬라비아 주재 중국 대사는 전술한 조치를 김일성이 가진 '지혜'의 현시로 생각한다고 했다.

T.

북조선 주재 헝가리 대사관에서 외교부로 보낸 전보

(1972년 7월 10일)

문건번호: MNL, XIX-J-1-j Korea, 1972, 59. doboz, 81-107, 00958/25/1972.

나의 질문에 대한 대답으로 7월 8일 나를 방문했던 남베트남 [민족해방전선] 대사가 무엇보다도 다음과 같은 언급을 했다.

첫째, 그의 견해에 따르면 북남 공동성명은 활동은 하나 미약한 남조선의 혁명 세력에게 조선반도 긴장을 완화하는 데 유용한 만큼이나 위험한데, 그 이유는 [혁명 세력을] 무장해제시키기 때문이다.

둘째, 그의 견해에 의하면 당분간 공동성명의 수혜자는 박정희일 것이고 그의 위치는 공고화될 것이다.

(코멘트: 이는 베트남이 처한 어려운 상황에서 남베트남 민족해방전선 대사의 의견일 뿐만 아니라 베트남의 의견일 가능성이 있다.)

남베트남 대사는 처음부터 베트남은 조선반도 문제의 평화적 해결이라는 생각을 지지했으며, 또한 베트남 문제도 평화적 수단으로 해결하고자 하나 그들 자신만의 원칙을 만들지 않고 일반적 원칙에 기초를 둔 방법으로 하고자 한다고 강조했다. 북남 공동성명을 통해 북조선이 북조선의 원칙을 만들었다고 생각할 수도 있으나 이 문제는 좀 더 분석이 필요하다.

K.

북베트남 주재 헝가리 대사관에서 외교부로 보낸 전보
(1972년 7월 12일)

문건번호: MNL, XIX-J-1-j Korea, 1972, 59. doboz, 81-107, 00958/30/1972.

[…]

북조선 대사는 나에게 '북남 공동성명을 통하여 베트남을 구했다고 모든 사회주의 국가들이 찬사를 보냈다'고 말했다. 베트남 측은 이에 무관심한 듯한 태도를 보였으며, 언론은 이 사건을 보도하지 않았다.

내 질문에 관해 [북베트남] 외교부의 지역국 부국장이 북남공동성명은 주한 미군 철수는 이끌어 내지 못할 것이라고 말했다.

우호국 외교관들의 평가에 의하면 베트남은 실망감에 차서 북남 공동성명의 사실을 접했다. 지금까지 북베트남을 도왔던 모든 사회주의 국가들이 반대 진영과 회담을 갖거나 협정을 맺었기 때문에, 북남 사건으로 인해 베트남은 미제국주의와 투쟁 중인 유일한 국가로 남게 되었다는 느낌을 갖게 됐다. 베트남은 중국과 북조선이 베트남 인민들이 미 제국주의에 대항해 이뤄온 투쟁의 성과를 이용했다고 보고 있다.

A.

헝가리 외교부의 메모

(1972년 7월 13일)

문건번호: MNL, XIX-J-1-j Korea, 1972, 59. doboz, 81-107, 00958/32/1972.

[…] 북조선 1971년 4월 8일에 만든 8개 조항 제안이 원칙적 문제들로 1972년 중반까지 끊임없이 수정됐다. 새로운 제안에는 질적인 변화가 있는데, 즉 북조선은―이전의 요구와는 대조적으로― 더 이상 주한미군의 철수를 조선반도 문제의 평화적 해결의 전제조건으로 내걸지 않고 있으며(주한미군은 어찌됐든 곧 떠날 것이기 때문에), 국제연합한국통일부흥위원회(UNCURK)의 즉각적 해체도 요구하지 않는다(어느 경우라도 위원회의 해체는 오직 유엔만이 할 수 있기 때문에). 북조선은 박정희 및 그의 사람들과도 협상할 준비가 되어 있다(단지 과도기적이고 남조선에서 반대 세력의 영향력이 증가하고 있기 때문에).

[…] (1971년 가을에 박성철이 그의 모스크바 방문 중에 북소 [우호 협력 상호원조] 조약의 폐기를 제안했다. 물론 소련 측은 이를 승인할 수 없었다).

올해 봄 남조선의 지도자들이 통일에 관한 새로운 제안을 했다. 이 제안의 새로운 내용은 남조선이 통일의 중요한 전제조건을 내건 것인데, 즉 북조선이 무력 통일을 포기하고 남조선을 공격하지 않겠다는 공표를 하는 것이다.

[…] '제한적 철수'라는 의도 하에 미국은 남조선에 주둔한 병력을 감소하고 있으나 동시에 보다 첨단 무기를 배치하고 경제 원조를 통해 남조선 안정화를 지원하고 있다. 이는 의심할 여지없이 몇 가지 결과를 이끌어 냈다. 최전방인 휴전선을 따라 남조선군이 미군의 위치를 인계했고, 남조선의 군사적 잠재력이 증가했으며, 동시에 남조선의 생활수준이 개선되고 있다.

[…] 다음과 같은 목표에 따라 중국은 조선반도 문제 해결을 위한 개입은 다음과 같은 목표에 영향을 받았을 것이다. 이런 식으로 중국은 아시아에 집단안보―소련에 의해 제기된 [개념]―가 필요치 않다고 증명하려 하고 있다. 왜냐하면 몇몇 아시아 문제는 집단안보 창설 없이 해결이 가능하거나 적어도 문제의 정체된 부분을 푸는 것이 가능하기 때문에, "강대국들은 다른 국가들을 조종하거나 간섭하는 것을 멈춰야만 한다"(저우언라이의 최근 연설 인용).

[…]

선진 자본주의 국가들과 개발 도상국들의 언론에서 북조선이 맺은 협정을 북베트남과 남베트남 임시혁명정부(PRG, Provisional Revolutionary Government of South Vietnam)를 위한 모델로 제시하는 언급들이 자주 발견된다. 특히나 사이공 정권은 베트남 혁명 세력을 무장해제시키기 위한 시도로 이러한 주위를 분산시키는 책략을 사용하려고 노력한다.

에뜨레 샨도르(Etre Sándor)

기니 주재 형가리 대사관에서 형가리 외교부로 보낸 전보
(1972년 7월 14일)

문건번호: MNL, XIX-J-1-j Korea, 1972, 59. doboz, 81-107, 00958/37/1972.

우리의 질문에 대해 기니 정치인들이 북남 공동성명의 성공과 공표된 성명을 환영하나, 그들의 의견을 공개적으로 표명하지 않았다고 북조선 대사관의 두 번째 고위 외교관이 말했다. [북조선]은 기니 라디오와 언론에서 성명 공표를 알리기 위한 조치에 들어갔으나, 잘 알려진 지역적 어려움으로 인해 이는 아직까지 달성되지 않았다.

북베트남 대사는 나에게 공동성명을 이끌어낸 회담 중 북조선 외교부 부부장이 코나크리(Conakry, 역주: 기니의 수도)를 방문했고 기니 정부에 공동성명에 관한 정보를 제공했다고 말했다. 외교부 부부장의 방문은 비밀로 유지됐고 우호국 대사들에게도 정보가 제공되지 않았다.

Sz.

북조선 주재 헝가리 대사관에서 헝가리 외교부로 보낸 전보
(1972년 8월 26일)

문건번호: MNL, XIX-J-1-j Korea, 1972, 59. doboz, 81-107, 00958/48/1972.

8월 24일에 불가리아 대사대리가 나에게 다음과 같은 정보를 알렸다. 최근 그는 그에게 다음을 독자적으로 말했던 조선로동당 중앙대외연락부의 임원급 담당 관료를 만났다.

　[…]

남조선이 공동성명을 받아들이게 만든 것은 큰 업적이다.

성명의 목적은 남조선 파시스트 정권의 계획을 망치고, 남조선의 반공법 폐지를 촉진하며, 공산당이 법적으로 조종할 수 있는 부르주아 민주주의 체제를 세우는 것이다.

평화적이고 민주적인 통일은 이러한 것들 이후에나 가능하고 북조선 공산당은 이를 심사숙고 해야만 한다. 현재 박정희는 우리에 갇힌 개이고 그는 탈출구를 찾고 있는 중이다.

현재 조선로동당은 박정희가 북남 조약의 연장이라는 오직 하나의 탈출구만을 확보하고 있고 이는 결국 박정희와 그의 파시스트 정권을 질식시킬 것이다. […]

K.

북조선 주재 대사관에서 외교부로 보낸 보고

(1975년 7월 30일)

문건번호: MNL, XIX-J-1-j Korea, 1975, 83. doboz, 81-10, 002835/8/1975.

조선로동당 서기이며 정부 주석인 김일성이 정부와 당 대표단을 이끌고 다음 국가들을 공식 방문했다.

- 중국(1975년 4월 18~26일)
- 루마니아(1975년 5월 22~26일)
- 알제리(1975년 5월 26일~6월 2일 사이)
- 모리타니아(1975년 5월 30일~6월 1일)
- 불가리아(1975년 6월 2~5일)
- 유고슬라비아(1975년 6월 5~9일)

김일성은 중국 방문 후 1975년 5월 하순경에 소련을 방문하고자 했으나 그가 제안한 방문 일자가 소련과 맞지 않았다. 그는 프라하(체코) 방문을 요청했으나 역시 일자가 맞지 않았다. 김일성이 모스크바를 방문하고자 했던 데에는 두 가지 중요한 정치적 사실이 깔려있다. 하나는 북조선이 중국공산당과 우리 측(소련을 포함한 유럽 국가의 공산당) 사이에 소위 세력균형 유지 정책을 계속하고 있다는 것이며. 다른 하나는 김일성의 중국, 유럽, 아프리카 방문을 평가하면서 이러한 의도를 고려해야만 한다는 것이다. […]

소련과 중국에서의(북조선 주재 북베트남 대사가 그가 북조선 주재 중국대사와 가졌던 대화를 우리 측에 알렸다) 정보로부터—중국에서 대부분 획득한— 김일성이 군사적 해결 가능성을 모색하고 있다는 것을 알 수 있었다. 중국 대사의 정보에 따르면 북조선은 승리 이전에 남조선을 남베트남과 같은 상태로 만들 군사적 상황을 조성하기를 원한다. 박정희 독재정권에 대한 폭동 이용과 남조선의 다른 정치세력 동원을 통하여 만약 일정 기간 내에 남조선이 분쇄되지 않는다면 북조선은 군사적 원조를 동원해 이들(폭동 혹은 정치세력)을 원조할 것이다.

중국이 아시아에서 미국의 지위를 흔드는 어떠한 형태의 무장 투쟁도 용납하지 않는 다는 것은—주로 아시아에서— 잘 알려져 있기 때문에, 중국을 설득하여 북조선 의도에 반하는 것을 단념시키는 일은 빠르면 김일성이 베이징을 방문하는 중에 시작될 것이다. 새로운 조선전쟁은 단순히 남조선과 북조선 사이의 전쟁아 아닐 공산이 크다. 가까운 장래에 무력통일에 대해 협의하기 위해 북조선 정부와 당의 대표단이 중국을 방문하는 중에, 중국 측은 조선반도에서 평화 통일의 중요성을 강조했다. 김일성 측에서는 평화로운 해결책을 모색하고자 하는 그 자신의 주장에 관하여는 아무런 언급도 하지 않았다. 반면에 남조선에서 혁명이 갑자기 발생할 경우 북조선이 무관심하게만 있을 수 없고, 남조선인민들을 적극적으로 지원할 것이라고 김일성이 공언했다. 그리고 만약에 적(남조선)이 전쟁을 시작한다면 압도적 반격에 직면할 것이라고 언급했다. 전쟁이 발생할 경우 북조선은 휴전선 인근을 잃게 되나 통일을 달성할 수도 있다고 김일성이 말했다.

[…]

상기 6개국 방문 중에서 중국과 유고슬라비아 방문은 북조선이 이용할 군사 장비와 기술면에서 중요했다. 중국은 조선인민군에 다양한 군사장비와 무기를 제공하고 있다. 남조선의 핵 전력을 상쇄키 위한 북조선에의 전술 핵무기 제공 가능성 또한 고려되었다. 6월 11일에 휴가차 북조선을 방문한 헝가리 장교들을 접견한 북조선 인민무력부 부부장은 전술 핵무기 제공 가능성에 대해 간접적으로 언급했다. 유고슬라비아는 주로 해군 분야에서 북조선에 도움을 주고 있다.

[…]

떠러버 야노쉬 박사(Dr. Taraba János)

임시대사대리(chargé d'affaires ad interim)

헝가리 외교부 메모
(1975년 8월 26일)

문건번호: MNL, XIX-J-1-j ENSZ, 1975, 159. doboz, V-730, 004711/1975.

IAEA의 제19차 일반 협의와 관련하여 사회주의 국가들의 우호 협력 회의가 1975년 8월 18일에서 22일에 걸쳐 폴란드 외교부의 초대로 개최되었다. 다음의 국가들이 회의에 참석했다. 불가리아, 체코슬로바키아, 유고슬라비아, 북조선, 헝가리, 몽골, 폴란드, 동독, 소련, 우크라이나, 벨로루시, 루마니아, 코메콘 사무총장.

[…]

회의를 통해 참가국 대표단은 다음과 같은 협의에 도달했다(회의 의제 중 No. 7, 8, 9, 12와 같은 항목은 토론하지 않았다).

1) 만약 칠레, 이스라엘, 남조선 출신이 일반회의(General Commission)의 부의장을 차지하게 되면, 이에 대해 항의하기로 합의했다.
사회주의 국가 중 폴란드, 소련, 체코슬로바키아 출신의 지명을 지원하기로 한다.
[…]

6) 연례 보고의 토론 동안 소련 대표가 행할 총회 발언 중 다음과 같은 것에 대해 세부적으로 분석할 것이라고 말했다.
- 제네바 회의 결과

- 헬싱키 선언

자세한 분석의 이유는 전술한 회의(제네바회의 및 헬싱키 선언)의 결과 IAEA의 업무가 증가해왔었고 이러한 회의들이 세계정치에서 상당한 역할을 하기 때문이다.

소련 대표는 IAEA의 보증수단(safeguard, 혹은 보호수단)체계를 좀 더 효과적으로 만들자는 이슈까지 논하게 될 것이다. 즉, 보증수단이 핵장비, 핵물질, 핵기술에도 유사하게 적용되어야만 한다는 것이다. 이것이 의미하는 바는 만약 NPT(핵확산방지조약)에 참여한 국가들이 그들의 핵 관련 활동을 IAEA의 보증 체제하에 두지 않는다면 기술 장비 및 핵물질을 획득하지 못한다는 것이다.

사회주의 국가들은 IAEA가 칠레, 남조선, 이스라엘을 지원하는 것을 막기 위해 최선을 다할 것이다. 오직 NPT를 체결한 국가들에게만 기술 지원이 용인되어야 하며 그렇지 않을 경우 IAEA의 보증수단 체제 운용이 무기력해지기 때문에, 소련 대표는 기술적 지원에 대해 확고한 자세를 요청했다.

서독과 브라질 또는 프랑스와 남조선 사이의 협약과 같은 다양한 쌍무 협약으로 인해 우려할만한 상황이 연출되어오고 있다. 왜냐하면 NPT 체제 밖에 존재하는 국가들이 이런 방식(쌍무협약)을 통해 핵 기술의 완전한 주기를 획득할 수 있기 때문이다. 완벽한 핵 기술은 개별 국가보다는 지역 센터를 통해 획득되어야만 한다고 아카디에프(Arkadiev) 동지가 말했다.

협력 회의 참석자들은 높은 예산을 절감했다. 루마니아와 북조선 대표는 제안된 예산 인상을 지지할 수 없다고 선언했다.

[…]

10) 소련, 폴란드, 헝가리 불가리아는 그들의 재정적 공헌을 높일 것이라고 했다.

11) 대표들은 코메콘과 IAEA 사이의 협조를 논의했고, 여기에 참여한 북조선, 북베트남, 유고슬라비아는 이를 긍정적으로 평가했다.

[…]

14) 회의에서 이사회의 새로운 멤버 선출도 논의됐다. 불가리아와 헝가리의 임기는 올해로 끝날 것이고 이들 국가를 대신할 후보로 폴란드와 유고슬라비아가 지명되어 있다. 소련 대표는 극동지역 국가들의 이사회 입성에 관해 논의했다. 지금까지 필리핀이 이른바 '떠있는' 상태였으나 지금은 남조선에 의해 공석이 된 자리에 지역과의 협의 없이 지원했다고 소련 대표가 지적했다. 반면에 몽골, 캄푸치아(역주: 캄보디아), 북조선은 아직까지 이사회의 회원국이었던 적이 없었다. 이사회 회원국에 관하여 소련 측 대표는 필리핀보다는 북조선을 제안했다. 그러나 북조선 대표는—회담 후에— 이사회 회원국이 되는 것을 원하지 않는다고 말했다. 그는 프랑스가 남조선과 핵협정을 맺었고 이는 북조선에 위협이 될 것이기 때문이라는 이유를 들어 회원국이 되기를 원치 않는다고 설명했다.

[…]

쏨버뜨헤이 쥴러(Szombathelyi Gyula)
외교부 국제기구 주요부 과장(section head of the Major Department
of International Organizations of the Foreign Ministry)

헝가리 외교부 메모

(1976년 2월 16일)

문건번호: MNL, XIX-J-1-j Korea, 1976, 83. doboz, 6, 002134/1976.

메드베(Medve) 동지가 이끄는 헝가리 보건 대표단이 북조선을 방문하기 전에 나는 북조선 대사관의 3등 서기관 오송권(O Song-gwon)과 무관보(혹은 부무관) 이은기(Yi Un-gi)를 접견하고 그들에게 북조선 정세에 관한 정보를 요청했다. 당시 우리는 대표단 방문 후 다시 만나기로 했다. 다음의 정보보고는 1976년 2월 13일의 일이다.

[…]

그들은 조선반도가 평화적인 방법으로 통일될 수 없다는 의견을 가지고 있다. 만약 전쟁이 일어난다면 통상적인 재래식 전쟁보다는 핵전쟁일 것이라고 했다. 북조선은 그런 비상사태에 잘 준비가 되어 있고, 전국이 요새화되어 있으며, 중요 공장들을 지하로 옮겼으며(예를 들면 최근 강선의 제철소를 이주시켰다), 비행장(아마도 전투기 격납고)과 항구 그리고 다른 군 시설을 네트워크화된 지하동굴에 설치했다. 평양의 지하철은 다른 지선 터널들과 연결되어 있고, 이러한 터널들은 현재는 폐쇄되어 있지만 비상시에는 평양시민들을 수용할 수 있다.

또한 지금쯤 북조선은 핵탄두와 발사체를 보유하고 있으며, 이들은 서울, 도쿄, 나가사키와 같은 남조선과 일본의 대도시들을 겨냥하고 있고 오키나와 같은 군사기지도 표적으로 삼고 있다. 중국으로부터 핵탄두를

얻었냐고 물었을 때 그들(오송권, 이은기)은 외부 도움 없이 실험을 통해
핵탄두를 만들었고 북조선 스스로 제조한다고 답했다.

[…]

거러이스끼 이슈뜨반(Garajszki István)

북조선 주재 헝가리 대사관에서 외교부로 보낸 보고
(1976년 2월 18일)

문건번호: MNL, XIX-J-1-j Korea, 1976, 82. doboz, 4, OO1570/1976.

　폴란드 대사관에서 두 번째 고위급 외교관인 쥬도스크주크(Jewdoszczuk)
는 우호적인 8개국 대사들에게 중립국 감독위원회의 폴란드 측 인원으로부
터 얻은 정보를 제공해주었다. 북조선의 군사적 상황과 의도에 대한 남조
선측의 의견이 요약된 정보이다.

　[…]

　서울에 있는 극동문제연구소 측의 데이터에 따르면 북조선은 무기 구
매를 위하여 1970년에 6천만 달러, 1971년 1억 6천5백만 달러, 1972년 1억
3천5백만 달러, 1973년 1억 4천만 달러를 지출했다.

　이 기간에 육군 병력은 다음과 같이 증가했다. 1970년 43만 8천 명,
1971년 45만 명, 1972년 46만 명, 1973년 47만 명이다. 즉, 북남 대화 기간
에도 군사적 태세 강화는 계속되었던 것이다. 북조선 육군은 T-55 전차
1,100대와 상당수의 지대지 미사일을 보유 중이다. 북조선은 상당량의 잠
수복과 장비를 일본에 주문했다. […] Mig(미그) 전투기 수는 200대고 Su(수
호이)-7 전폭기도 보유 중이다.

　현재 북조선은 원자로를 건설하기 원하며, 미래에 핵무기 생산능력을
갖기 위해 원자로 문제에 관해 논의 중이다.

[…]

써보 페렌쯔(Szabó Ferenc) 대사

북조선 주재 헝가리 대사관에서 헝가리 외교부로 보낸 보고
(1976년 4월 15일)

문건번호: MNL, XIX-J-1-j Korea, 1976, 82. doboz, 5, 00854/2/1976.

꾸띠 죄르지(Kuti György) 동지의 소련 동료가 그에게 1976년 1월 말에서 1976년 2월 초까지 개최된 소련-북조선 정부 간 경제협상의 중요한 의제들 중 몇 가지에 상황에 관한 자세한 정보를 알려주었다. 꾸띠 동지가 얻은 정보는 1976년부터 1980년 사이 소련의 투자 및 개발 차관 이용에 관한 것과 또한 축적된 북조선의 부채 상환, 북조선 협상 대표단의 행동 및 여러 관련 이슈들이었다.

　[…]

북조선 측은 또한 핵발전소 건설을 요청했다. 여러 이유로 인해─특히 군사적 고려와 투자 양 때문에─ 소련 측은 북조선 측의 요청이 적절하지 않다고 말하면서 다음 5개년 계획에 대해서만 논의하자고 제안했다. 북조선 측은 소련 측의 결정과 몇몇 투자 거절을 받아들이길 꺼려했다.

특히 차관을 들여오는 것과 다른 이슈들을 협상하는 과정에서 북조선 대표인 부수상 공진태는 지극히 공격적인 태도를 보였으며, 그의 몇몇 발언은 회담자인 소련 측 대표인 부수상 아르키히포브(Arkhipov)에게 퉁명스럽고 모욕적이기까지 했다. 공진태는 만약 소련 측이 북조선의 최우선적 상황에 대해 자금 대여를 꺼리고 북조선의 요청을 수락하지 않는다면 북조선은 소련과의 경제적 관계를 중지할 수밖에 없을 것이라고 여러 번 말했다.

공진태는 코시킨 동지를 방문하고 나서야 그의 행동을 바꾸어 협정에 서명을 할 수 있었다. 코시킨 동지는 소련은 어떤 국가로부터도 최후통첩 따위는 용인하지 않고, 어느 누구도 그런 식으로 행동하게 하지 않을 것이라고 말하면서 몹시 강경하게 공진태를 질책했다. [···]

써보 페렌쯔(Szabó Ferenc) 대사

북조선 주재 헝가리 대사관에서 외교부로 보낸 전보
(1976년 6월 25일)

문건번호: MNL, XIX-J-1-j Korea, 1976, 82. doboz, 5, 00854/5/1976.

6월 상반기 모스크바에서 열린 소련-북조선 정부 간 경제위원회 13차 회기에서 노비코브(Novikov) 동지가 공진태에게 북조선이 무역 운송에서 재발한 지연(약 20%)을 끝내야 한다고 요청했다.

[…] 소련이 다른 지역에서 원자력 발전장치를 건설하는 장기적 책무가 있기 때문에, 새로운 5개년 계획(1976~1980)을 위한 원자력 발전장치를 북조선에 인도할 수 없다. 시베리아 지역에서 생태 조사를 하고 있기 때문에, 소련은 시베리아 벌목에 대한 합의를 3년 연장하는 것도 당장은 승인하지 않았다.

써보 페렌쯔(Szabó Ferenc) 대사

헝가리 무역부 평양지부에서 무역부로 보낸 메모
(1976년 8월 9일)

문건번호: MNL, XIX-J-1-j Korea, 1976, 82. doboz, 5, 00170/7/1976.

소련의 통상 참사관인 그니덴코(Gnidenko) 동지가 다음과 같은 정보를 줬다.

1) 정부 간 자문 위원회 13차 회기에 관한 사전 정보

위원회 13차 회기가 1976년 6월 8일부터 11일까지 모스크바에서 열렸다. 소련 측은 부수상 노비코브(I. T. Novikov)가, 북조선 측은 공진태가 의사록에 서명했다.

무역과 관련된 것은 곤란한 이슈였기 때문에서 북조선 측은 회의에서 이와 관련된 질문을 회피하려 했다. 그러나 회의에서 소련 측은 두 나라의 통상관계에 관한 토의를 충분히 강조하는 데 성공했다.

소련 무역부 부부장 그리쉰(Grishin)과 이번 회의에서 연설을 한 산업분야의 각 부장들은 이전 연도에 비해 1976년 북조선의 선적량이 상당히 감소한 문제를 제기했다; 북조선에서 수출하기로 했던 원자재를 보내지 않아 소련 주요 산업의 생산공정이 심대한 타격을 입었으며 주요 공장이 멈췄다.

소련 측의 이러한 문제제기에 대해 북조선 측은 올해 하반기에 부족분을 보충하기로 약속했다. […] 북조선 측은 핵발전소에 대한 그들의 권리를 얘기했다. […]

소련 측은 이전에 결정된 다른 측의 요청을 실행키 위해 소련의 생산능

력을 사용하고 있기 때문에 근시일 내에 북조선에 핵 발전 장치를 제공하는 것은 불가능하다고 언급했다.

[…]

북조선에서 전개된 상황으로 인해 소련 무역부 평양지부가 좀 더 주도 면밀한 질문을 던졌다. […]

- 1975년과 6년의 강수량 부족으로 인해 발전량에 상당한 영향이 있었다 (소련 측 추산으로 수력발전이 현 발전 능력의 50%를 차지하고 있다). 즉 수력발전소를 활용할 방법이 없어 계획했던 만큼의 발전을 할 수 없다.

[…]

슈허이더 이슈뜨반(Suhajda István)
통상 참사관(commercial counselor)

헝가리 국립 원자력 에너지 위원회에서
헝가리 외교부로 보낸 메모
(1976년 8월 31일)

문건번호: MNL, XIX-J-1-j Korea, 1976, 82. doboz, 4, 004522/8/1976.

1976년 8월 26일 IAEA의 일반회의 전에 민스크(Minsk)에서 열린 사회주의 국가 협력 회의에서 북조선 대표단장인 박홍철(Park Hong-chol)과 북조선 외교부 대표가 밤늦게 나를 방문해 남조선 국경에서 일어난 여러 가지 사건들을 전해줬다. [⋯]

그들은 또한 극동지역에 완벽한 핵 재처리 시설을 제공하기로 계획한 IAEA의 기술원조 프로그램에 관하여 나에게 알려주었다. 극동지역에서 남조선이 가장 진보된 기술적 토대를 가지고 있기 때문에 시설은 남조선에 설립될 예정이라 했다.

그들의 요청은 남조선에 이러한 시설이 들어서지 못하도록 막는 데 사회주의 국가들이 북조선을 지원해달라는 것이었다. 그리고 어쨌든지 간에 그러한 시설에 극동지역에 들어설 경우 필리핀에 세워져야만 한다고 말했다.

[⋯]

그들은 나에게 몇 가지 작은 선물은 주면서 1974년 씨께쉬페히르바르(Székesfehérvár)에서 열렸던 협력 회의에서 값진 조언을 해준 것에 대해

다시 한 번 감사하다 말했다. 내가 준 충고로 북조선은 총회에서 어려움
없이 IAEA의 회원국 자격을 획득했다.

　　[…]

오쓰뜨로브스끼 죄르지 박사(Dr. Osztrovszki György)
국립 원자력 에너지 위원회 의장(chairman of the National Commission
of Atomic Energy)

북조선 주재 헝가리 대사관에서 외교부로 보낸 보고

(1976년 12월 8일)

문건번호: MNL, XIX-J-1-j Korea, 1976, 82. doboz, 5, 00854/6/1976.

1976년 2월에 열린 소련-북조선 정부 간 경제, 기술, 과학 자문위원회에서 북조선 정부 대표단장인 부수상 공진태가 박성철의 편지를 코시킨 동지에게 전했다. 편지에는 세 가지 구체적 요청이 담겨 있었다.

첫째, 김책산업지구에 압연기(roller, 혹은 땅 고르는 롤러 등) 부품을 제공하기로 한 1973년 협약은 수정되어야만 한다. […]

둘째, 각각 10만 kw를 발전할 수 있는 네 개 블록(bloc)이 추가로 북창화력발전소에 건설되어야 한다.

셋째, 소련은 북조선에 원자력발전소를 건설해야만 한다.

소련 측은 편지에 대한 구체적인 답변은 하지 않았다. 위원회 회의에서 소련 협상 대표단은 1980년대 이전에는 이 두 가지 문제를 토의할 수 없다고 언급함으로써 북창 발전소 확장과 원자력발전소 건설에 확실한 입장을 취했다.

아프리카 방문에서 돌아온 북조선 무역부 부장 계응태(桂應泰)가 10월에 모스크바 방문을 중단했다. 공식 회담에서 북조선 측은 박성철의 편지에 대한 소련 측의 구체적인 답변을 기다리고 있다고 그가 말했다. 이때 원자력발전소 건설은 긴급요청 목록에서 이미 빠져 있었다.

계응태는 가능한 빨리 공식적 대답을 할 것이라는 소련 측의 확답을 받았다.

중앙의 지휘에 따라 소련 대사대리는 11월 12일 그를 접견한 공진태와 면담을 가졌다. 대사대리는 코시킨 동지의 대답을 구두로 전달했다. (숙고 끝에, 서면으로 대답하지 않기로 결정했다.) 1980년대 이전에 북창 화력발전소 확장에 대해 논할 수 없고 김책지구 부품 제공에 관하여도 원래의 합의를 준수할 것이라는 것이 소련의 대답이었다.

[…]

공진태는 이 대답에 매우 불만족스러워 했다.

11월 13일에 계응태가 소련 대사대리와 면담을 요청했다. 그는 북조선의 경제상황이 어렵고 소련을 포함한 사회주의 국가들의 즉각적인 지원이 필요하다고 말했다. 그의 구체적 요청은 다음과 같다. 가능한 올해 안에 20만 톤의 석유 및 15만 톤의 코크스용 석탄(유효한 정부 간 프로토콜에 근거해, 올해 소련은 북조선에 백만 톤을 약간 상회하는 석유 및 120만 톤의 코크스용 석탄을 제공하도록 되어 있다. 11월 1일까지 소련은 상기 물량의 70%를 이미 보냈고, 올해 안에 차질 없이 모든 물량을 보낼 것이다). 소련 대사대리는 북조선 측의 요청을 접수했음을 알리고 늦지 않게 물량을 보낼 것이라고 약속했다. 나에게 이러한 정보를 준 소련 측 외교관의 견해로는 북조선 측의 요청을 이행할 가능성이 거의 없다고 했다. 그가 알려준 바에 의하면 소련은 북조선 측의 예상치 못한 요구에 불만일 것이라고 했다. 매우 정당한 경우에만 예외가 인정될 수 있다. 소련 측은 예상치 못한 요구를 판단할 때 우선권을 가지는 것은 코메콘 국가들이라는 것을 북조선 측이 이해할 수 있도록 하기 위해 가능한 모든 기회를 강구할 것이다.

　[…]

　　　　　　　　　　　　　　　　　　써보 페렌쯔(Szabó Ferenc) 대사

비엔나 주재 헝가리 국제기구 상주 대표단에서
외교부로 보낸 보고
(1977년 11월 3일)

문건번호: MNL, XIX-J-1-j ENSZ, 1977, 154. doboz, V-73, OO5665/1977.

오스트리아 비엔나에는 이원범이 이끄는 북조선 대표단이 상주하고 있다. 대표단의 관할은 오스트리아뿐만 아니라 체코슬로바키아를 포함한다. 대표단은 3명으로 구성되어 양측 관계를 유지하는 것만으로도 업무량에 과부하가 걸린다. 또한 대표단은 IAEA와 관련된 모든 우호적 토의에 참여하는 것도 어렵다. 대개 일반 회기나 중요 위원회 사전 모임 등의 IAEA의 주요행사에만 참여한다. 그러한 중요 행사에는 북조선 핵에너지 위원회의 중요 부서의 국장인 최학근(Choe Hak-gun) 박사가 비엔나로 온다.

북조선 측 인사들이 언어에 문제가 있는 점을 감안하여—오직 독일어만 한다— 우호적 대화 시 우리는 그들을 무엇이든지 도와주거나 알려줄 준비가 되어 있다고 반복해서 제안했다. 사회주의자 환영회에서 수차례 도움을 반복해서 제안했다.

북조선 측 인사들의 언급을 통해 들어난 점은 그들은 국제기구에서 처신에 익숙하지 않으며, 그렇기에 당연하게도 북조선 측에서 질문하기란 어려운 일이었다.

이러한 사실을 토대로 볼 때, 북조선은 UN과 사회주의 협력에 대처할 만한 그리고 또한 언어적 감각이 탁월한 인사를 파견함으로써 대표단의 질을 높여야만 한다는 것이 나의 생각이다. 외교부의 요청에 따라 우리는 이 문제에 관해 최대한 북조선 측 인사들을 지원할 것이다.

포도르 졸딴(Fodor Zoltán) 대사

북조선 주재 헝가리대사관에서 외교부로 보낸 전보
(1979년 2월 17일)

문건번호: MNL, XIX-J-1-j Korea, 1979, 81. doboz, 81-5, 001583/1979.

2월 12일, 체코슬로바키아-북조선 정부 간 경제, 기술, 과학 협의회의 북조선 측 서기관이 체코슬로바키아 대사관 1등 서기관에게 북조선이 다음과 같은 것을 체코에 요청한다고 공식적으로 전언했던 것을 체코슬로바키아 대사가 언급했다.

첫째, 북조선에 우라늄 채굴 장비 인도
둘째, 북조선에 440 메가와트 핵발전 장치 건설(내가 소련대사로부터 들은 바에 의하면 북조선에는 2개의 주요 우라늄 채굴광이 있다. 이 중 하나에서는 원석의 우라늄 비율이 0.26%이고 나머지는 0.086%이다.)

써보 페렌쯔(Szabó Ferenc) 대사

북조선 주재 헝가리 대사관에서 헝가리 외교부로 보낸 보고
(1979년 2월 23일)

문건번호: MNL, XIX-J-1-j D I-Korea, 1979, 81. doboz, 82-5, OO2289/1979.

[…]

남조선의 첫 번째 핵발전소 건설이 1971년 부산 근처인 고리에서 시작됐고 1978년에 완공되었다. 1974년 10월에 원자로와 터빈은 최종 건설지에 들어섰고 시험 가동을 위한 첫 번째 농축 우라늄이 1975년 6월에 고리에 도착했다.

그러나 고리는 단지 시작에 불과하고, 남조선정부는 2000년까지 핵발전소를 추가적으로 건설할 장기계획을 준비하고 있다. 이 계획의 첫 번째 단계는 1986년까지 진행될 것인데, 6개(매년 하나씩)의 원자력발전소가 준공될 것이다. 1986년까지 1,560억 원 및 1억 7천4백만 달러가 투자될 것이다. 미국의 웨스팅하우스(Westinghouse), ITT, 영국 GEC, 그 외 여러 프랑스 회사 및 새롭게 설립된 남조선 원자력 공사 등의 남조선기업들이 참여할 것이다.

[…]

고리 원자력발전소를 포함해 남조선의 발전량은 6백 59만 Kw에 달했다. 1986년까지 준공될 6개의 발전소까지 포함될 경우 발전량은 2천 만 kw에 달할 것이다. 1986년 말까지 7개의 원자력발전소, 5개의 수력발전소, 24개의 화력발전소, 한 개의 조력발전소를 완공해서 운용하고자 한다. 2000년

까지는 26개의 원자력발전소가 건설될 것이다. […]

1986년 말을 기점으로 남조선과 북조선(북조선도 1986년까지 7개년 계획이 완료될 것이기 때문에)의 발전량을 비교할 경우 남조선의 발전량이 3배가량 많을 것이다. 이러한 점을 고려할 때, 북조선이 현 시점뿐만 아니라 더 이전부터 체코슬로바키아, 소련, 유고슬라비아 및 중국 등의 사회주의 국가에 원자력 발전 장비를 제공해달라거나 원자력발전소를 준공해달라고 요청했는지 설명이 가능하다. 나중에 북조선이 핵폭탄을 생산할지도 모른다는 의도는 숨긴 채, 사회주의 국가들에 요청하여 남조선과의 격차를 만회하려 노력하고 있다.

써보 페렌쯔(Szabó Ferenc) 대사

북조선 주재 헝가리 대사관에서 헝가리 외교부로 보낸 보고
(1979년 5월 22일)

문건번호: MNL, XIX-J-1-j D I-Korea, 1979, 81. doboz, 82-5, 003675/1979.

[…]

고도의 기술 정밀성을 요하는 무기체계는 제외됐지만, 미국의 지원을 받아 남조선의 방위산업이 빠르게 성장 중이다. 남조선은 유도탄을 생산하기 시작했다. 유도탄의 경우 작년 9월에 성공적으로 시험발사를 마쳤다. 1980년에는 항공기 및 무기체계에 탑재될 전자장비 생산을 시작할 것이다. 1978년 12월 22일자 워싱턴포스트지에서 미국인 저널리스트 롤랜드 에반스(Roland Evans)와 로버트 노박(Robert Novak)은 "남조선은 이미 핵무기를 독자적으로 생산할 수 있는 기술 문건을 가지고 있다"라고 지적했다.

[…]

써보 페렌쯔(Szabó Ferenc) 대사

헝가리 과학원으로부터 헝가리 외교부로 보낸 메모
(1983년 3월 7일)

문건번호: MNL, XIX-J-1-k Korea, 1983, 73. doboz, 81-73, 2856/1983.

합동원자력연구소의 정부대표단의 최근 회기(두브나(Dubna), 1983년 3월 1~3일)에서 북조선 측 대표인 국립 원자력 위원회 의장 최학근(Choe Hak-gun) 교수가 개인적 대화 중에 헝가리 측 관할 부서에 전해줄 것을 요청하면서 나에게 다음과 같은 정보를 알려주었다.

공식적 외교채널을 통해 북조선이 헝가리에 양국의 협력 차원에서 원자로 운용 훈련을 위해 북조선 측 전문가를 파견하고 헝가리에서 이들을 받아주길 요청할 것이라는 것이다. 파견 이유는 북조선이 곧 첫 번째 원자력발전소를 건설하려고 하기 때문이다.

랑 이슈뜨반(Láng István)
합동원자력연구소 헝가리 정부 대표(Hungarian government representative
in the Joint Institute for Nuclear Research)

헝가리 외교부에서 헝가리 과학원으로 보낸 편지

(1983년 4월 6일)

문건번호: MNL, XIX-J-1-k Korea, 1983, 73. doboz, 81-73, 2856/1983.

친애하는 랑 동지에게

당신이 외교부 부부장 하지 벤쩰(Házi Vencel)에게 보냈던 편지는 관할권이 저에게 있기 때문에 저에게로 전송됐습니다. 편지에서 제기한 주제에 대한 외교부는 헝가리 핵발전소가 소련 측의 문서와 원조에 기반해 건설 중이며, 또한 기계장치의 대부분도 소련 것이라는 입장을 밝히는 바입니다. 당분간은 발전소는 소련 측 전문가의 도움으로 가동될 예정이며, 헝가리 측 전문가 훈련도 소련 측에 의해 이루어지고 있습니다. 즉, 이러한 객관적 정황으로 판단하건대, 우리는 북조선 측의 요청을 이행하기가 힘듭니다. 북조선의 공식적 요청이 있는 경우라도 소련 측 담당 부서에 직접 요청하라고 권고할 것 같습니다.

동지로서 안부를 담아

써보 페렌쯔(Szabó Ferenc)

[4지역] 광역국 국장 (head of the [4th Regional]Major Department)

헝가리 무역부 평양지국에서 헝가리 무역부로 보낸 메모
(1983년 7월 28일)

문건번호: MNL, XIX-J-1-k Korea, 1983, 73. doboz, 81-51, 5607/1983.

소련대사관의 무역 참사관인 마루쉬킨(V. A. Marushkin) 동지가 북소 경제·기술·과학 자문위원회 18차 회기에 관한 다음과 같은 정보를 나에게 제공했다. 평양에서 열린 이번 회기에서 소련 측의 부대표 탈리진(V. A. Talizin)과 북조선 측 부대표 계응태가 1983년 5월 13일에 초안에 서명했다.

[…]

북조선 측은 소련과 북조선의 협력이 우주 및 우주 통신 연구 분야까지 확대돼야 한다고 제안했다. 소련 측은 북조선 정부가 제안한 분야와 관련 있는 국제 협약에 가입해야지만 북조선 측의 제안이 실현 가능하다고 대답했다.

[…]

루디 임레(Rudi Imre)
무역 참사관(commercial counselor)

북조선 주재 헝가리 대사관에서 외교부로 보낸 보고
(1983년 8월 4일)

문건번호: MNL, XIX-J-1-j Korea, 1983, 78. doboz, 81-40, 004628/1983.

중앙으로부터 지시를 받은 북조선 주재 불가리아 대사관은 북조선이 1963년에 체결된 핵실험 금지조약에 가입할 것인지 여부를 문의했다. [···]

이 이슈와 관련해 대사관에서 서열 2위인 외교관은 핵에너지 위원회를 접견했고 불가리아 대사는 외교부의 조약 및 법률 담당 부서를 접견했다. 불가리아 측은 상당수의 국가들이 그 조약에 서명했다는 것과 만약에 북조선이 조약에 참여할 경우 북조선의 평화에 대한 갈망이라는 프로파간다로 이용될 수 있는 호의적인 정치·심리적 영향을 언급했다.

불가리아 측과 접견한 자리에서 북조선 관리들은 불가리아의 견해를 이해하였으나 확실한 답변을 회피했다. 조약의 불가입에 대한 해명으로, 그들은 미국이 핵무기와 대량살상무기를 남조선에 배치하는 한 북조선이 조약에 가입할 객관적 근거가 없다고 언급했다.

불가리아 측의 촉구로 북조선 측은 조약관련 이슈에 대해 계속 고려해 보겠다고 약속했다.

라뜨꺼이 페렌쯔(Rátkai Ferenc)
임시대사대리(chargé d'affaires ad interim)

· 박종철

· 경상대학교 사회교육학과 부교수
· 전남대학교 518연구소 연구교수
  전북대학교 정치외교학과 겸임조교수 역임
· 전북대학교 정치외교학 정치학 학사(2000), 일본 토호쿠대학 법학
  연구과 정치학 석사(2002), 중국사회과학원 세계경제정치연구소
  정치학 박사(2007)
· 주요 연구분야: 동아시아 국제관계, 북중관계
· 주요 연구논문:
  「북중관계 연구현황에 관한 분석」, 『사회과학연구』 제34집 1호
  (2010.12)
  「중국의 대북경제정책과 경제협력에 관한 연구」, 『한국동북아논총』
  제17집 제1호(2012.3)
  선즈화 저, 박종철 역, 「중북 국경문제 해결에 대한 역사적 고찰
  (1950~64)」, 『아태연구』 제19권 제1호(2012.4)
  「조선전쟁 원인으로 중국의 역할과 전쟁개입목적에 관한 연구」,
  『전략연구』 통권 제56호(2012.11)
  「김정은 지도체제 초기국면과 북중관계」, 『대한정치학회보』(2013.2) 등
· 공저: 「중국인민지원군의 철군과 북중관계」, 『한반도분쟁과 중국의
  개입』 한국정치외교사총서 6(선인출판사, 2012.4) 등
· 번역: 『중국의 대북조선 기밀파일』(한울출판사, 2008)
  『글로벌 정치와 중국외교』(한울출판사, 2010)
  『북중애증의 60년』(코인미디어, 2011)

· 김보국

- · 한국외국어대학교 헝가리어과 강사
- · 헝가리 ELTE대학 한국학과 전임강사 역임
- · 한국외국어대학교대학원 동유럽어문학과 석사(1999),
  헝가리 ELTE대학 문학박사
- · 주요 연구분야: 헝가리 문학, 헝가리에서 한국학, 한국-헝가리 관계
- · 주요 연구논문:

「헝가리에서 한국학 현황과 발전방향에 대한 고찰」, 『동유럽연구』 제13
집 1호 (2004.10)

「1920-1945년까지 한국의 신문에 나타난 헝가리 관련 자료 연구」,
『Journal of Korean Studies』 Vol.13(2012.3)

「검열(cenzúra)과 자기검열(öncenzúra), 그리고 외르케니 이스트반
(Örkény István)의 소설 『장미 박람회(Rózsakiállítás)』에 나타난 검열과
자기검열의 메시지」, 『동유럽발칸학』 제14집 1호(2012)

「단편소설 「나이아가라 카페(Niagara Nagykávéház)」 연구 - 정치 풍자
의 관점으로」, 『동유럽연구』 제31집(2012) 등

- · 저서: 『남북한 관련 헝가리 외무부 기밀 외교문서 목록집 (1945-1993)』
  (도서출판빵과장미, 2012)

『Metaegyperces』(Savaria Univ. Press, 2012.5): 박사학위

- · 공저: 「볼로냐 과정과 유럽의 한국학 발전 방향에 대한 고찰」, 『해외한국
  학백서』(을유문화사, 2007.4)
- · 번역: 『Törpe』(Nyitott Könyvműhely, 2008) 『장미 박람회』(도서출판
  빵과장미, 2012)

· 박성용

· 인하대학교 국제관계연구소 연구교수
· 전북대학교 정치외교학과 겸임조교수 역임
· 영국 University of Salford 국제정치학 박사(2010)
· 주요 연구분야: 해양 안보, 동아시아 안보, 국방정책
· 주요 연구논문:
「동북아 해양안보와 한국안보에의 함의」, 『한국동북아논총』, 제15권
4집(2010.12)
「북한의 해양 비대칭 전력과 한국의 해양안보」, 『정치정보연구』
제14권 2호(2011.12)
「The Sea Power and Navy of the Republic of Korea」 in Geoffrey Till
and Patric Bratton (eds.) Sea Power and the Asia-Pacific (Abingdon,
UK: Routledge, 2012)
「The Carrier Development of the Royal Navy in the Inter-war
Period and World War II」, 『사회과학연구』 제24권 1호(2013.1) 외
다수

· 정은이

- · 일본 ERINA연구소 초빙연구원
- · 조선대학교 동아시아경제연구소 연구교수
  경상대학교 사회교육학과 연구교수 역임
- · 일본 토호쿠대학 경제학연구과 경제학 석사(2004), 경제학 박사(2007)
- · 주요 연구 분야: 북한시장 및 북중 접경도시, 북한무역회사연구
- · 주요 연구논문:
  「北朝鮮における経済の現状と改革の可能性」,『比較経済研究』第43巻
  第1号(2006.2)
  「北朝鮮における市場の萌芽・形成・発展過程に関する研究—1950年
  代末から1990年代末まで」,『経済学研究』, 第70巻 第2号(2009.7)
  「북한의 자생적 시장발전 연구: 1990년대 고난의 행군 이후를 중심으
  로」,『통일문제연구』제52권 2호(2009.11)
  「재일조선인 귀국자의 삶을 통해서 본 북한체제의 재조명」,『아세아
  연구』, 52권 3호(2009.11)
  「북한에서 시장의 역사적 형성과정과 경제구조의 변화」,『아세아연구』
  제54권 1호(2011.3)
  「동포경제네트워크의 형성과정과 북한의 개방: 북·중 접경지대 재중조선인과
  중국연고자의 삶을 중심으로」,『한국동북아논총』제62권 1호(2012.3)
  「북한무역회사에 관한 연구: 북중 접경도시 '신의주'를 중심으로」,『신
  진연구자정책과제』(2012.10) 등
- · 번역:『중국의 대북조선 기밀파일』(한울출판사, 2008)
  『북중애증의 60년』(코인미디어, 2011)